LA FRANCE

ou

LA QUESTION DES FRONTIÈRES

Bruxelles. — Typ. de Fr. Van Meenen et Cⁱᵉ, rue de la Putterie, 33.

LA FRANCE

DEVANT L'EUROPE

ou

LA QUESTION DES FRONTIÈRES

Introduction (la Savoie)
Le matérialisme en politique
M. Le Masson et les limites naturelles
Des frontières historiques dans l'ouest de l'Europe
Des dangers que court la France

BRUXELLES

FR. VAN MEENEN ET Cⁱᵉ, IMPRIMEURS-ÉDITEURS
RUE DE LA PUTTERIE, 33

1860

En janvier 1860, une de ces *Correspondances autographiées* de
Paris, qui ont pour mission de lever le gibier, annonça mystérieu-
sement que la question de la Savoie *existait*, et que l'Angleterre,
sans s'y prêter de bonne grâce, n'y ferait pas pourtant une oppo-
sition bien décidée. « Du reste, » ajoutait la même correspondance, « *toutes* ces questions qui se rattachent au rétablissement
des frontières naturelles de la France, viendront nécessairement à
leur heure, par la force des choses. Ainsi l'annexion de l'Italie
centrale au Piémont, si elle s'effectue effectivement, rend indispen-
sable l'annexion de la Savoie et de Nice à la France : tout le
monde le comprend. »

Ces allusions passablement transparentes restèrent néanmoins
à l'état de question controversée, par conséquent douteuse, jusqu'au mois de mars.

Dans son dernier discours du trône, Napoléon III déclara que
« l'important remaniement territorial qui va avoir lieu » (dans
l'Italie centrale) lui « donne *droit* à une garantie indiquée par la
nature elle-même. » Cette garantie que réclame l'Empereur, c'est
la possession des « versants français des Alpes, » « territoire de
peu d'étendue, » dont la « revendication... » « n'a rien qui doive
alarmer l'Europe. »

Enfin, le 21 mars, l'Empereur annonce à une députation savoisienne, composée on ne sait trop de qui, accourue à Paris on ne sait point en vertu de quel mandat, que « le Roi de Sardaigne a accédé au *principe* de la réunion de la Savoie et du comté de Nice à la France, » et que lui, l'Empereur, « agrée l'expression de leurs vœux. »

Entre-temps, un régiment d'infanterie s'était mis en marche pour Chambéry, un autre pour Nice, à l'effet d'opérer la sanction... du « principe. »

Voilà la connexité qui existe entre les ballons d'essai de la presse officieuse en France et les décisions officielles du gouvernement.

Mais qui donc avait soulevé la question de « l'affranchissement de l'Italie » — « des Alpes jusqu'à l'Adriatique? » Qui donc avait affiché, à Milan même, dans une proclamation devenue célèbre, le « désintéressement » absolu de la France qui, tout le monde le sait, « ne combat que pour une idée? »

Plus de doute, la guerre contre l'Autriche a eu un but caché, différent du but avoué; plus de doute, la politique des « frontières naturelles » vient d'être solennellement inaugurée, et les péripéties de 1792 — 1815, en tant que cela dépendra de Napoléon III, vont se reproduire.

La même Correspondance autographiée qui nous avait si bien renseignés sur la question de la Savoie, continue encore en ces termes :

« Le mouvement annexionniste qui se prépare en Allemagne, en faveur de la Prusse, fera naître un jour tout naturellement la *nécessité* d'une *autre annexion* que l'intérêt français indique et *réclame*. On peut dire que chacun en Europe est occupé en ce moment à chercher sa voie et à se replacer dans ses conditions naturelles d'existence. »

Nous sommes donc avertis que la France ne se contentera pas des « versants français des Alpes, » et que son *naturalisme* la poussera également au Nord. Si la Belgique a des oreilles, qu'elle écoute. L'Allemagne s'est remuée tout entière, celle-là a écouté et compris. La Suisse proteste et se prépare à agir.

La Savoie est condamnée, de par l'Empire français, à payer le prix de l'unification de l'Italie supérieure, c'est à dire à annuler en principe cette unification. Moyennant la Belgique, on voudra un jour tenir en échec l'Allemagne; du même coup, on menacera la Belgique de confiscation, et l'Allemagne d'une guerre de races.

Qu'en dites-vous? L'avenir se présente-t-il sous des aspects assez sombres? Et puisque la Correspondance autographiée nous a si bien éclairés d'avance sur la politique du discours du trône de 1860, ne vaudrait-il pas la peine de remonter à un programme beaucoup plus ample et plus détaillé, qui, dès le rétablissement de l'Empire français, tira l'horoscope à l'Europe?

Ce programme était intitulé : « *Les limites de la France, par Al. Le Masson.* » M. Le Masson a disparu, depuis lors il s'est appelé un moment La Guéronnière, pour envelopper enfin son existence pseudonyme dans le voile le plus épais de l'anonyme.

La France, qui ne se possède plus, est engagée dans une fausse voie qui la conduit à sa ruine, et au bout de laquelle elle se trouvera mise au ban de l'Europe.

D'horribles crises nous attendent; un miracle seul peut les conjurer; ce miracle serait le retour à résipiscence de la nation française, et sa résolution bien arrêtée de ne plus se laisser mener comme un troupeau de moutons.

Nous ne croyons guère aux miracles, quoiqu'ils aient marqué toutes les grandes crises de l'humanité. Que les destins s'accomplissent; à tout hasard, nous dirons notre manière de penser. Nous traiterons, à la onzième heure, la *question des frontières*. Notre écrit ne s'adresse pas seulement aux Belges, aux Suisses, aux Allemands, mais encore au bon sens des Français. Nous ne demandons que la liberté d'être vrai et franc.

DU MATÉRIALISME EN POLITIQUE.

Qu'est-il arrivé à l'Europe depuis 1848, que sont devenus tous les principes moraux, quel vertige s'est emparé des nations? Immédiatement après le grand réveil de la conscience publique, qui se révoltait partout contre la corruption, l'arbitraire et le despotisme, une bien autre corruption s'est infiltrée dans tous les pores du corps social, un arbitraire inouï s'est annoncé de loin. Au printemps de 1848, tout était générosité, abandon des priviléges, amour fraternel, fusion des intérêts et des classes de la société : et en 1850, *M. de Romieu* pouvait impunément proclamer ses codes de l'immoralité, ses appels à la plus basse cupidité, ses honteuses doctrines matérialistes. Un homme corrompu lui-même jusqu'à la moelle des os, préchait avec grand succès l'abandon de tout principe, de toute idée, de toute dignité humaine. Et le monde d'écouter béatement et de se grouper autour du drapeau de la perdition.

Les deux pamphlets de M. de Romieu, qui parurent en 1850, eurent pour titre : « Le *Spectre rouge* » et « l'*Ère des Césars.* » Les a-t-on oubliés? Voici quelques citations empruntées à l'*Ère des Césars* et prises, pour ainsi dire, au hasard.

Le gouvernement constitutionnel et la liberté de la presse, ses deux ancres de salut des sociétés modernes, sont de véritables babioles, un sujet de mépris pour le prophète du Bas-Empire.

« Il m'a paru que toujours, et sans exception aucune, là où l'autorité publique avait pour bases la *discussion* et le *suffrage*, il devait arriver un jour où, les compétiteurs commandant des armées, les *élections* se feraient sur un *champ de bataille.* ▪

En d'autres termes, l'homme est une bête féroce, et la raison une fiction. Il faut s'entre-dévorer.

« Le sabre s'est essayé contre l'idée et il s'est senti le plus fort, comme il doit l'être en tout temps lorsque les luttes sont nettes. Ce résultat n'est pas sauvage, parce que *la force est elle-même une idée, et la plus haute de toutes. »*

Le chancelier de L'Hôpital qui lui aussi était français, nous dit par contre : « Le couteau ne vaut pas contre l'esprit ; » et Camille Desmoulins a traduit cet axiome, en s'écriant : « Brûler n'est pas répondre. »

« Il n'y a pas de place pour un autre principe que la *force,* à ces heures de *débats puérils* où l'esprit humain cherche l'aliment de sa vie. Au début, c'est Auguste ; au déclin, c'est Mahomet II. »

Ces « débats puérils » sont la victoire remportée par la raison humaine sur la force brutale ; par eux l'homme se proclame le dompteur de ses instincts animaux. C'est le plus grand des progrès, instrument lui-même de tous les progrès ultérieurs. Mais on nous déclare :

« Le *progrès,* ainsi entendu, est une *absurdité sans nom,* que la *folie* seule des *rhéteurs* a pu mettre en vogue, et dont malheureusement la vogue ne passera pas de sitôt. »

Alors tout est dit, il faut évidemment des moyens efficaces pour comprimer « la folie des rhéteurs, » il faut un gouvernement de gendarmes, institué expressément pour sauvegarder les sociétés contre « l'absurdité. » Ce gouvernement, c'est le gouvernement césaréen. N'en ayez pas peur, car

« Le *principal* n'est point l'autorité d'un seul homme, mais l'antique et commune autorité de tout le peuple romain. »

Voilà la France du xixᵉ siècle rabaissée au niveau de Rome

décrépite et en voie de se dissoudre ! Que manque-t-il pour rendre l'identité complète? Les *prétoriens*. Les voici venir.

« Les prétoriens de Rome n'étaient pas venus d'une race à part; ils étaient de l'espèce humaine (à laquelle M. de Romieu appartient aussi). Ils n'avaient apporté dans leurs rangs que les penchants éternels et inévitables, inhérents à la nature de l'homme. Dieu nous a faits pour désirer la force, pour la rechercher dans nous-mêmes d'abord, et dans les autres subsidiairement. Partout, dans nos actes les plus métaphysiques, elle a sa place cachée. A elle tout aboutit, et moins on la montre, plus on ment. Le gouvernement constitutionnel lui-même, avec sa prétention de liberté, est incapable de formuler des lois, sans que la force soit au bout. Pas un décret n'est promulgué qui n'ait pour sanction le gendarme et le commissaire de police, et, s'ils sont insuffisants, la troupe de ligne, pour venir *prêter force à la loi*. Ne nous récrions donc pas trop contre les prétoriens que nos professeurs de rhétorique nous ont appris à maudire, et oublions cette malédiction comme à peu près tout ce qu'ils nous ont enseigné. »

Et a quoi sert la force représentée par les prétoriens?

« Les masses sont en insurrection organisée. »
« Une armée décidée à combattre domine toujours une insurrection. »

Arrêtons-nous un moment. Il n'est pas vrai de dire que toute l'armée française se compose de prétoriens. L'honneur et l'indépendance du caractère n'y sont point morts sous l'uniforme. Mais voici ce qui est vrai. Napoléon III possède une *garde impériale* de 40,421 hommes, mieux payés que le reste de l'armée. C'est tout un corps d'armée qui, au besoin, pourrait entreprendre une campagne à lui seul et maintenir dans l'obéissance toute une province rebelle. La *gendarmerie* française se compose de 75 légions pour le service départemental, d'une légion pour l'Algérie, de 4 compagnies coloniales, de 5 détachements extra-européens, de la garde de Paris et d'une compagnie de vétérans, en tout de 23,293 hommes, dont la moitié à cheval. La gendarmerie se réjouit également de la faveur toute particulière de l'Empereur. Avec la garde, nous voici déjà au chiffre de 64,000 prétoriens.

En troisième lieu, le gouvernement de l'Empereur s'est emparé des remplacements militaires; il a créé une caisse de dotation de l'armée. Cette caisse s'alimente au moyen des primes acquises aux engagés volontaires, à qui elle sert seulement les intérêts de leur capital. En outre, le gouvernement tient surtout à n'admettre au remplacement que des militaires qui ont fait tout leur temps. Les remplaçants du gouvernement sont déjà au nombre de 50,000, et tout le pécule de ces 50,000 hommes fait partie de la « dette flottante, » c'est à dire qu'il est hypothéqué sur le crédit du gouvernement. Nous voici au chiffre de 114,000 hommes.

Ajoutez à cela les 5 régiments de zouaves, 9,050 hommes ; les 2 légions étrangères, 4,002 hommes ; les 4 régiments de tirailleurs indigènes, vulgairement appelés *turcos*, 15,759 hommes ; ainsi que les 3 bataillons d'infanterie légère d'Afrique, 2,916 hommes : vous aurez une armée de prétoriens, dûment comptée, de 145,401 hommes.

Qui oserait nier l'influence de l'exemple, donné par ces prétoriens, sur le reste de l'armée, et surtout la position scabreuse, faite par ces troupes d'élite et mercenaires, aux sentiments de nationalité et d'honneur du militaire français ?

Retournons sur nos pas. Après l'apologie des prétoriens, M. de Romieu continue ainsi :

« Vienne une grande lutte : chacun sachant que la force sera la règle finale des vainqueurs, sachant que ce sera le dernier paragraphe des programmes, où toujours on le laisse en blanc, chacun, dis-je, préférera la solution prompte, et saluera l'*heureux* qui s'en sera chargé. »

Le nom de « l'heureux » qui s'en *est* chargé, fut crié par dessus les toits par la « Société du 10 décembre, » ces « 10,000 coquins, » d'après l'expression pittoresque de M. Jules de Lasteyrie. Mais l'auteur de l'*Ère des Césars* prend soin de nous le désigner à son tour :

« L'Empire, après son éblouissant passage, est resté comme un poème d'Ossian ; il est plus haut qu'une institution politique. Ce fut, à mes yeux, le début de cette ÈRE DES CÉSARS, dans laquelle le principe libéral devait nous faire entrer, après avoir fermé celle des monarchies. »

Cela fut écrit et imprimé en 1850 ; un an après, la prophétie se réalisa, presque littéralement, au grand ébahissement des lecteurs de M. de Romieu. Les événements avaient été dans l'air, tout le monde en avait jasé à satiété, et quand le fait arriva, on en fut hébété. On se signa, sans trop savoir à quel saint se vouer. Quel abêtissement général ! Quelle honte pour notre époque !

L'*Ère des Césars* était inaugurée. — Oh, cela regarde les Français, dit-on en Europe. Ils sont bien punis de leur turbulence éternelle, de leurs barricades « démocratiques et sociales. » Il leur fallait un maître, ils l'ont, qu'ils s'arrangent avec lui ! Cela ne nous regarde pas, allons à la Bourse, faisons mousser les actions et les obligations, et vive la prime !

Ah, cela regarde les Français, dit malignement le pseudonyme *Al. Le Masson*, prétendu employé au ministère de la guerre, et il fit les « *Limites naturelles.* » Y avait-il au monde quelque chose de plus naturel, une conséquence plus logique? Une fois l'*Ère des Césars* adoptée, l'armée des prétoriens admise, il fallait le débordement sur les frontières, César et les prétoriens ne peuvent pas éternellement rester chez eux. Il faut des champs de bataille, pour occuper et amuser l'armée; il faut des exutoires appliqués à l'impatience de la nation courbée sous le joug, à tout ce qui reste encore de l'esprit libéral d'autrefois.

César aura besoin des Alpes, de la Belgique, du Rhin, de l'Afrique, de l'Asie, pour régler le commerce et la «civilisation, » et pour vider les questions internationales à sa manière, pour mettre fin, là aussi, à la *discussion* et au *suffrage*, à ces « absurdités sans nom, » à cette « folie des rhéteurs. »

M. de Romieu avait été le ministre de l'intérieur de la nouvelle ère, M. Le Masson en devint le ministre des affaires étrangères.

M. LE MASSON ET LES LIMITES NATURELLES.

La publication du pamphlet de M. Le Masson coïncida avec le rétablissement de l'Empire. L'ouvrage·fut exempté du timbre. L'Europe s'émut.

Le 3 janvier 1853, le « Moniteur de l'Empire français » désavoua la brochure de M. Le Masson :

« Il a paru, dans ces derniers temps, plusieurs ouvrages, un entre autres, intitulé « les Limites de la France. » qui semblent avoir pour but de flatter des tendances que l'on croit être celles du Gouvernement. Le Gouvernement repousse toute solidarité avec les auteurs de ces ouvrages, dont l'esprit est aussi éloigné des intentions de l'Empereur, que de sa politique hautement déclarée. »

Avant les élections partielles pour la Chambre belge, du 8 juin 1852, le *Constitutionnel*, par la bouche de l'illustre Granier de Cassagnac, avait menacé la Belgique d'une guerre de tarifs, si elle se permettait de voter pour le ministère Frère-Rogier. La presse belge s'en alarma, et le « Moniteur français » de déclarer avec son aplomb ordinaire :

« Lorsque le Gouvernement veut faire connaître sa véritable pensée, il la confie au *Moniteur*, son unique organe. Toute publication dans une autre feuille ne saurait engager sa responsabilité. L'article du *Constitutionnel* de ce jour nous oblige à cette déclaration. »
(Moniteur du 6 juin 1852.)
(Communiqué.)

Le 6 juin donc, le gouvernement français avait désavoué la guerre de tarifs, et le 14 septembre de la même année, parut le décret qui augmenta le droit d'entrée sur la houille et la fonte belges. Le ministère libéral tomba. Que valent donc les déclarations officielles du gouvernement français? *Trois mois de répit...*

L'Europe commença à comprendre. Lorsque, plus tard, certains préfets français embouchèrent la trompette guerrière, que M. Fleury conduisit son coursier de bataille aux bords de la Vistule, et que « Moniteur » et « Patrie » désavouèrent à l'envi ces impertinences, — L'Europe se dit : *dans trois mois !...*

Lorsque l'Empereur, au commencement de 1859, « tenait à prémunir les esprits contre les appréhensions exagérées d'une guerre probable, » —l'Europe en prit son parti, en répétant : *dans trois mois !...*

Dans le *Blue-book* anglais, concernant la question de la Savoie, nous lisons une dépêche de lord Cowley à lord John Russell, datée du 27 janvier 1860, et dans laquelle l'ambassadeur anglais expose, comme quoi M. Thouvenel vient de l'assurer que « jusqu'ici l'Empereur n'a pas proféré une seule syllabe par rapport à la Savoie » : Lord John Russell et tous ceux qui ont pu prendre connaissance de cette dépêche, se sont certainement dit : *dans trois mois !...*

Quand un jour, et ce jour ne paraît pas éloigné, la France officielle jurera ses grand dieux aux quatre cosignataires des protocoles de Londres, qu'elle aime de l'amour le plus platonique l'indépendance et l'intégrité de la Belgique, — dites hardiment : *dans trois mois !...*

Nous sommes d'avis que mieux vaut encore y penser *tout de suite.*

M. de Romieu avait prêché avec un sans-façon dédaigneux le matérialisme, on sait avec quel succès. M. Le Masson n'est pas moins superficiel; sera-t-il, pour cela, aussi heureux? M. de Romieu avait matérialisé la politique, la science de la société,

en passant par dessus tout son niveau de l'égalité dans l'avilissement et de la servitude commune sous le principat césaréen :
M. Le Masson réussit à matérialiser jusqu'à la géographie, ce qui
peut-être était plus difficile. Comme les pamphlets de l'ex-préfet
de Louis-Philippe avaient basé l'État sur la simple force, sans
s'occuper de l'histoire, des conventions et des besoins innés de
l'homme moderne : de même M. Le Masson fonde le droit des gens
sur la table rase de la géographie mathématique, sur la notion de
l'étendue. Si, d'après M. de Romieu, le gouvernement est le lans-
quenet ou le condottiere à qui appartient tout ce qu'il abat ou
dompte : d'après M. Le Masson, chaque géomètre est un Puffen-
dorf ou un Grotius, le bureau du cadastre décide en dernière
instance de l'organisation d'un continent, et tous les traités, à partir de celui de Munster et d'Osnabruck jusqu'au second traité de
Paris, sont renversés par la chaîne de l'arpenteur. Évidemment,
M. Le Masson avait oublié le verset biblique : « Et de telle mesure
que vous mesurez, on vous mesurera réciproquement. »

« On peut dire, sans nier cependant les modifications dues aux institu-
tions politiques, que c'est à la *géographie* qu'il faut demander le secret
des destinées primitives des grandes familles humaines. Les montagnes,
les plateaux, les plaines qui forment l'ensemble d'un pays ; les mers qui
le baignent ; les fleuves et les vallées qui le sillonnent ; les minéraux
qu'il renferme : toutes les circonstances physiques inhérentes à sa struc-
ture et à sa position, d'un ordre invariable et *supérieur* à la puissance
humaine ; voilà ce qui fait la diversité des races et des nations, et fixe
leur état général.

« Le pays placé vers le centre du bord occidental de l'Europe, au pied
des Pyrénées et des Alpes, entre la Méditerranée, l'Océan et le Rhin, est
un de ceux auxquels s'appliquent le mieux ces principes d'observation.
Connu dans l'antiquité sous le nom général de *Gaule*, il n'a plus de nom
unique dans les temps modernes ; nous lui donnons ici celui de France,
parce que la France en occupe les cinq sixièmes, et qu'elle tend à
l'occuper tout entier, par cette juste ambition des *nationalités* de se déve-
lopper jusqu'aux *limites naturelles* de leur territoire. »

Tout le monde sait que l'Espagne et la France sont séparées par
le mur des Pyrénées. Un jour, Louis XIV s'avisa de dire avec un
orgueil qui frisait la bêtise : « Il n'y a plus de Pyrénées! » Sur
cela il y eut la guerre de succession, et les grands coups portés

par le prince Eugène et le duc de Marlborough. Cela encore n'apprit rien à Napoléon I⁵ʳ. Le grand homme répéta, après le Bourbon : « Il n'y aura plus de Pyrénées ! » Le patriotisme espagnol, puissamment secondé par le duc de Wellington, la guerre des guérillas et les grandes batailles de 1808 à 1814, punirent pour la seconde fois la présomption française. Ce que Napoléon Iᵉʳ ne voulait pas encore croire, M. Le Masson en est persuadé.

« La contrée si accidentée renfermée entre la crète des Alpes, le Jura et le Rhin, et qui est aujourd'hui la Suisse, faisait partie de l'ancienne Gaule. Mais il est *plus naturel* que sur ce point la limite soit le Jura, barrière analogue à celles des Pyrénées. »

Nous ne concevons pas trop ce qu'il y a de naturel à cela ; car si la France est *l'ancienne Gaule*, comme on nous l'a dit tout à l'heure, et si la Suisse est *l'ancienne Helvétie*, laquelle Helvétie appartenait autrefois à la Gaule : il est peu naturel de ne point « revendiquer » la Suisse. L'arpenteur a oublié son rôle. Peut-être qu'il le répète depuis la protestation de la Suisse contre l'annexion de la Savoie. On est déjà arrivé au lac Léman.

« Entre le Jura et la mer, on prend la ligne du Rhin pour frontière de la France, mais cette ligne n'est pas une limite géographique, du moins sur une partie de son étendue. La belle plaine qui s'étend de Bâle à Mayence, entre les Vosges et les montagnes de la Forêt-Noire, et que le Rhin parcourt dans toute sa longueur, est une *région naturelle* dont le fleuve est la grande artère, et dont il réunit plutôt qu'il ne divise les populations attirées sur ses rives. Sur ce point, ce sont les Vosges ou les montagnes de la Forêt-Noire que la nature avait destinées à être les frontières de la France. »

De plus fort en plus fort. L'ancienne Gaule s'étendait de l'Océan au Rhin, mais nous venons d'apprendre qu'entre Bâle et Mayence, le Rhin fait faux-bond à sa mission. Les Vosges *ou* la Forêt-Noire ! Quelle naïveté ! Le parti national en Allemagne opte pour les Vosges. M. Le Masson veut-il lui céder Strasbourg, Séléstadt, Neuf-Brisac et Colmar ? C'est que, nous dit-il, le Rhin parcourt là une « région naturelle. » Mais alors prenez le pays de Bade et posez les bornes sur la hauteur de la Forêt-Noire ! M. Le Masson

a hésité à se prononcer pour cette « région naturelle, » et il a
très bien fait ; car si la France prenait toutes les « régions naturelles, » il ne resterait absolument rien aux autres peuples.

« Mais à partir des environs de Mayence, il n'y a plus réellement de
limites déterminées ; le Rhin continue *à couper des régions naturelles*,
toutes les autres lignes que l'on pourrait choisir sont dans le même cas
et ne seraient pas une aussi bonne barrière ; c'est donc ce fleuve qui doit
servir de frontière jusqu'à son embouchure, à moins qu'on ne le fran-
chisse au dessous de Dusseldorf, pour aller prendre l'Ems, et englober
dans le territoire français *la Hollande, ce pays creux* qui n'est guère qu'une
alluvion du Rhin et des fleuves voisins. »

En fait de limites, nous ne voyons dans ce galimatias que les
limites de la démence. Si entre les Vosges et la Forêt-Noire l'esprit
de l'auteur s'oblitérait déjà passablement, dès lors, il bat la campagne. A partir de Mayence, il y a bien encore des « régions naturelles » — la nature existe encore par là — mais le Rhin ne fait
que déchiqueter la nature, le monstre ! M. le Masson ne sait plus
avancer ni reculer, il ne voit plus ni le *Hundsruck* ou l'*Eifel* en
deçà, ni le *Taunus* au delà du Rhin ; il ne voit pas le *Westerwald*,
ni les montagnes de la Westphalie, pas même le célèbre *Hartz* qui
le conduirait complaisamment à l'embouchure du Weser. Il ne
voit plus que ce Rhin dénaturé qui découpe des « régions naturelles, » et sur ce malencontreux rasoir il glisse jusqu'à Dusseldorf ; là, exaspéré par la douleur, il se laisse tomber à droite,
jette encore un regard plein de mépris sur la *Terre Creuse* (Hollande), et plante son poteau — personne ne devine pourquoi — à
l'embouchure de l'Ems !
Épuisé de son excursion, il dresse le rapport suivant :

« La superficie embrassée par ce périmètre, Océan, Pyrénées, Méditerranée, Alpes, Jura et Rhin, est d'environ 62 millions d'hectares. C'est un
peu plus que la péninsule des Pyrénées, qui a 58 millions d'hectares, et
à peu près l'étendue de la Grande-Bretagne et de l'Italie réunies, qui en
ont chacune 30 à 31 millions ; ce n'est guère que le neuvième de la
Russie d'Europe, qui comprend au moins 530 millions d'hectares. »

M. Le Masson nous cache le rapport qui existe entre la surface de son pays et celle de la Chine, du Thibet et de l'Australie. C'est dommage.

« A l'est, la France a à peu près sa frontière naturelle avec de bonnes lignes de défense, et est d'ailleurs couverte par la Suisse. Quant au sud-est, entre le lac de Genève et la Méditerranée, il y a peu à se préoccuper de ses limites naturelles, au point de vue de la défense. Une invasion par cette frontière comme par celle des Pyrénées ne peut être qu'une diversion et ne fera jamais courir de danger réel au pays. Ce n'est que comme *complément* de territoire, et surtout de littoral, et pour avoir *plus d'action sur l'Italie*, que la France doit désirer la possession de *Nice* et de la *Savoie*. »

Ainsi, au sud-est, la France veut bien négliger ses « limites naturelles, » et voilà pourquoi l'auteur pouvait se laisser aller au déraisonnement que nous avons constaté. La possession de Nice et de la Savoie n'est point encore sérieuse, elle servira simplement de « complément » au territoire de la France, et à donner à ce pays « plus d'action sur l'Italie »; mais au nord, c'est bien autre chose. Écoutez!

« Des trois parties de territoire qui lui manquent, la Belgique, les provinces rhénanes et le versant des Alpes, c'est surtout la *Belgique* qu'elle doit désirer; et elle ne saurait trop déplorer les fautes et les malheurs, tels que les guerres d'Italie et les guerres de religion du XVIᵉ siècle, la Fronde, la guerre de la succession d'Espagne, la faiblesse de Louis XV, les désastres de l'empire, la timidité de Louis-Philippe, qui l'ont empêchée d'acquérir ou qui lui ont fait perdre les Pays-Bas. Une sorte de fatalité a toujours pesé sur elle de ce côté. Tandis qu'au midi elle a pu s'étendre rapidement jusqu'à ses limites naturelles, au nord elle s'est toujours vue arrêtée aux portes de Paris, sur le point où elle a le plus d'intérés à s'agrandir, et où, géographiquement, rien ne la limite. Au dessous de Wesel, le Rhin, se partageant en plusieurs bras, est moins que partout ailleurs une bonne ligne de démarcation, et quand Napoléon réunissait à la France la *Hollande et même les bouches de l'Elbe, il sortait peu de la vérité géographique*, et ces réunions étaient beaucoup plus naturelles que celle du Piémont. La séparation de la Belgique d'avec la Hollande et sa *prétendue* neutralité n'ont pas amélioré l'état des choses sur ce point de la frontière. D'un côté, la Belgique ne désire plus, comme avant 1830, sa réunion à la France, et de l'autre *sa neutralité est impossible ;* elle n'est pas en état de la faire respecter par des armées puissantes manœuvrant entre la Meuse et le Rhin, et qui, en n'occupant pas son territoire et ses places, verraient à chaque instant leurs opérations compromises.»

M. Le Masson semble avoir une drôle d'idée de la neutralité belge; il parle comme si la France pouvait occuper militairement ce pays, sans que les Prussiens, campés de Juliers à Prum, osassent y entrer, puisqu'il est neutre!

Décidément nous n'y sommes plus. La question semblait vidée, nous avions entrepris une marche triomphale de Paris jusqu'à Hambourg ou du moins jusqu'à Embden, et voilà que nous retournons soudain en Belgique. Ce petit pays ressemble à un caillou de la plus dure espèce, qu'il est impossible de digérer. Aussi M. Le Masson jette-t-il tout d'un coup ses jalons et sa chaîne d'arpenteur, pour se livrer à des considérations de statistique. Adieu la géographie, nous allons parler nombres.

« Malheureusement, chaque jour augmente la faiblesse relative de la France, par les modifications incessantes qu'apporte à l'Europe et au monde entier la marche du temps et des choses. A population égale, la France était autrefois et est peut-être encore plus forte et plus puissante que tout autre pays. Mais la civilisation, l'industrie, tous les progrès modernes nivellent les races et les nations. Les armées des principales puissances ne tarderont pas à se valoir, si déjà elles ne se valent. Le nombre a de plus en plus d'importance, et devient l'élément le plus réel et la mesure de la force. Les voies de communication, les chemins de fer surtout, sont un puissant moyen d'action pour les grands pays dont ils opèrent la cohésion et dont ils rapprochent en masses formidables les parties mal unies jusqu'alors. Il en est de même de tout ce que réalise l'industrie. Ce sont les États les plus peuplés qui gagnent le plus aux progrès matériels, les seuls dont se préoccupe notre époque. La force sera donc désormais dans le nombre, et la population devient la base principale de la puissance et de la valeur politique. On ne verra plus de petites nations telles que Venise, la Suisse, la Hollande, tenir une grande place et jouer un rôle important.

« Les progrès matériels et toutes les causes qui tendent à faire de la population la mesure de la puissance, tendant aussi à la proportionner à la superficie, il est certain que la puissance va aux États les plus vastes, sauf ceux qui, comme la Suède et la Norwége ou la Turquie, sont placés dans des conditions physiques ou morales tout exceptionnelles. La superficie des grands États de l'Europe, leur population et son accroissement, doivent donc attirer plus que jamais l'attention de la politique.

« Avant les guerres de la révolution, les principaux États comprenaient en superficie et en population :

	Hectares.	Habitants.
Russie d'Europe.	480 millions. . .	33 millions.
Autriche	65 —	29 —

France.	Hectares.		Habitants.	
France.	53 millions.	. .	30 millions.	
Espagne	48	—	12	—
Grande-Bretagne.	31	—	15	—
Allemagne.	»	—	9	— (!)
Prusse	20	—	7	—

« Après les traités de 1815, les superficies et les populations se sont trouvées ainsi réparties :

	Hectares.		Habitants.	
Russie d'Europe.	530 millions.	. .	46 millions,	
Autriche	68	—	30	—
France.	53	—	30	—
Espagne.	48	—	12	—
Grande-Bretagne.	31	—	19	—
Prusse	28	—	10	—
Confédération-Germanique .	24	—	11	— (!)

« Depuis 1816, les superficies sont restées les mêmes, mais les populations sont devenues :

	Habitants.
Russie d'Europe.	66 millions.
Autriche.	39 —
France.	36 —
Grande-Bretagne.	29 —
Espagne.	15 —
Confédération Germanique	18 — (!)
Prusse.	17 —

« Depuis les traités de 1815, la France n'est, en superficie, que le dixième de la Russie ; les trois quarts de l'Autriche ; l'égale de la Prusse et de l'Allemagne réunies. Sa population, peu inférieure à celle de la Russie et supérieure à toutes les autres, en 1790, n'a pu s'accroître pendant les guerres de la Révolution et de l'Empire, et se retrouve la même en 1816 ; elle augmente depuis cette époque, mais les nouvelles conditions politiques et sociales du pays rendent cette augmentation moins rapide que chez les peuples du Nord et de l'Est. D'après les résultats des vingt dernières années, la population doit doubler en moins de 30 ans en Prusse et dans la Confédération Germanique ; en 42 ans en Angleterre ; en 66 ans en Russie ; en 70 en Autriche ; en 130 ans en France. Dans 25 à 30 ans, la Prusse et la Confédération Germanique pourront avoir 60 millions d'habitants ; l'Autriche en aura au moins 45 millions, la Russie 80, la France 40 au plus. La population de la France qui, avant la Révolution, était le tiers de celles de la Russie, de l'Autriche, de la Prusse, de l'Allemagne et de la Grande-Bretagne réunies, n'en était plus que le quart en 1816, n'en est plus guère que le cinquième aujourd'hui, et en sera à peine le sixième dans 30 ans. Ces chiffres ne disent que trop combien tout a changé depuis 60 ans au détriment de la France, tant à l'intérieur qu'à l'extérieur. »

Ce verbiage ne dit que trop où en est arrivé la logique des Bonapartistes. Puisque la race latine déchoit en Europe, comme elle est déchue depuis longtemps en Amérique : la destinée a maltraité la France, et il s'agit de réparer la faute. Quand une nation n'a plus de force vitale, il faut ouvrir la veine aux autres. Continuons.

« Dans de telles conditions chaque jour qui s'écoule est pour elle un pas vers la déchéance. Une nation ne tombe pas seulement parce qu'elle dégénère ou reste stationnaire, tandis que ses rivales progressent, mais aussi parce qu'elle marche moins vite qu'elles. Tel a été le sort de Venise, de la Hollande, de l'Espagne, de la Turquie; tel est celui qui menace la France, puisque sa force relative va toujours en décroissant. *L'unique moyen de l'éviter est d'étendre le territoire français au moins jusqu'à ses limites naturelles.* Ce sera une augmentation d'une dixaine de millions d'hectares peuplés aujourd'hui de 9 à 10 millions d'habitants; ce qui, joint à une plus grande solidité des frontières, maintiendra la France dans une situation respectable, en attendant de plus grands changements dans l'état de l'Europe. C'est un intérêt vital, non une vaine ambition, qui veut qu'elle ne tarde pas trop à s'avancer d'un côté jusqu'aux Alpes, et de l'autre au moins jusqu'au Rhin. »

Poursuivons encore :

« Les objections, les sophismes, les utopies, les arguments de toute nature avec lesquels on sait si bien de nos jours combattre la vérité, tombent d'eux-mêmes devant les seules considérations qui viennent d'être présentées. On entend dire assez souvent que l'occupation de l'Algérie dispense la France de tout agrandissement en Europe, et on se laisse aller volontiers à cette erreur. *L'Algérie ne pourra jamais tenir lieu de la Belgique et des provinces rhénanes.* Les avantages, d'ailleurs très grands, de cette conquête, sont d'un tout autre ordre que ceux de la possession de la ligne du Rhin. L'Algérie, avant d'être une force, si jamais elle peut le devenir, ne sera pendant longtemps qu'une cause de faiblesse, puisque, même en temps ordinaire, son occupation et sa colonisation nécessitent la présence d'une armée de plus de 60 mille hommes et occasionnent une dépense annuelle de plus de 50 millions de francs. Loin donc d'équivaloir à la Belgique et aux pays du Rhin, *elle ne fait que rendre leur possession plus nécessaire.* Il ne faut pas que la France oublie que ce sont ses embarras et sa faiblesse sur le continent qui lui ont fait perdre l'Inde, l'Amérique et ses autres colonies importantes. Pour ne pas perdre aussi l'Algérie elle doit se faire forte en Europe. »

Excessivement clair. Nous faisons de mauvaises affaires, notre bilan se solde par un déficit : il faut que nous fassions un emprunt forcé — chez le voisin.

« Les pays que la France a besoin d'incorporer à son territoire *doivent aussi désirer cette réunion*. Appartenant à la grande région dont Paris est le cœur, et dont les Alpes, les Pyrénées et les deux mers sont les limites ; *Français* d'origine, de langage, de mœurs, de religion, d'intérêt, ils n'ont qu'à gagner à le devenir politiquement. La Savoie et les provinces rhénanes n'auront pas à regretter une domination étrangère ; *la Belgique ne regrettera pas une nationalité toute nouvelle* et qui ne doit son existence qu'à la jalousie de l'Europe contre la France. Quelques événements et quelques intérêts récents et passagers ne peuvent changer la nature des choses, et ne doivent pas faire perdre de vue les intérêts vrais et durables. Quand la France pourra et voudra posséder ces pays, *elle les trouvera prêts à la seconder.*.

« Mais comment arriver à cette possession ? Comment entreprendre des conquêtes, sans courir les terribles dangers auxquels est exposée la France depuis 1815 ? C'est là le secret de ses hommes d'État, la plus difficile assurément de leurs affaires, mais aussi la plus grande, et le plus important service qu'ils puissent rendre à la patrie.

« En pareille matière, personne ne peut avoir la prétention de donner des conseils, de combiner et de proposer à l'avance des plans que les circonstances seules font naître et rendent praticables. On doit se borner à rappeler les leçons du passé, en constatant que bien des fois la France a manqué l'occasion d'acquérir ces belles et fortes contrées, continuation de son territoire, objet éternel de ses désirs et de ses besoins ; que cette occasion s'est déjà présentée depuis 1815, et qu'elle peut revenir bientôt.....

« Les flatteurs du jour comparent, en effet, Napoléon à Jules César, Louis-Napoléon à Octave, et même déjà le siècle à celui d'Auguste, sans se douter que, s'ils ont raison, c'est là la plus triste ressemblance. Être au temps d'Auguste, c'est sortir des guerres civiles et des crises révolutionnaires, non pour se replacer sur le terrain historique et rentrer dans la voie naturelle, mais pour arriver à la décadence et à la dégradation, pour tomber dans l'ère des Césars, c'est à dire dans le règne de la force seule. Est-ce là la tendance définitive de la France à l'époque actuelle ? *On peut le craindre.* Avant 1789, tout ce qui fortifiait l'autorité la contenait en même temps, et alors même qu'elle avait le droit de tout faire, elle n'en avait pas la faculté et encore moins le désir. Il n'y avait point d'éléments pour le despotisme ; tout était incompatible avec la tyrannie, et quand la liberté n'était pas dans la loi, elle était dans les esprits et dans les mœurs. Aujourd'hui, c'est le contraire qui a lieu. La révolution, et ce sont là ses véritables crimes, a renversé toutes les barrières, a tout nivelé et même tout pulvérisé ; elle a créé l'omnipotence de l'État et la centralisation absolue du pouvoir qui ont tué toute vie provinciale et locale ; elle a surtout changé les rapports des gouvernants et des gouvernés, a jeté entre eux une réciproque et funeste défiance, lès a rendus ennemis déclarés. L'autorité a été sans appui moral, mais aussi sans limite, ou, pour mieux dire, il n'y a plus eu d'autorité, mais seulement un pouvoir n'ayant d'autre borne que la force. Entre les populations et les chefs de l'État, tout n'a plus été qu'une question de force, et le despotisme, impossible avant 1789, est devenu non seulement possible mais nécessaire. Une telle situation est une grande calamité morale que ne compense pas le bien-être matériel qu'elle peut donner momentanément, et on a pu voir en 1793 jusqu'à quel degré d'avilissement elle peut faire descendre la société. Le gouvernement de la force, joint aux mauvaises passions et à tous les instincts dépravés, a pu reproduire à cette époque néfaste quelque chose d'aussi hideux que la servitude des Romains du temps de Marius et de Sylla et sous les empereurs. La tyrannie, perfectionnée par la civilisation, a même été plus profonde, plus tracassière, plus complète, sans être beaucoup moins sanglante.

« Ce sont là les conquêtes et les bienfaits de la démocratie qui partout et toujours tue la liberté et engendre la servitude. A Rome, dont l'aristocratie avait fait la force et la splendeur, la démocratie a produit le régime des proscriptions, puis la tyrannie permanente. En France, où la liberté avait pu vivre sous l'aile de la monarchie, la démocratie a amené la Terreur, puis l'absolutisme. Rome a eu l'ère des Césars, la France aura-t-elle l'ère des Bonapartes? C'est là le côté effrayant de la situation, sinon pour le moment même, du moins pour un avenir qui peut n'être pas loin. Quoi qu'il en soit, le gouvernement actuel est le seul possible. »

L'auteur veut dire : voilà en quoi consiste le coup d'État au dehors. Brouiller les adversaires, les isoler l'un après l'autre, à tel point qu'un coup hardi renverse celui qui osera résister, — et nous ferons l'emprunt d'autant plus fort que notre déficit sera plus considérable.

Comment attiser le feu de la guerre? Mais les occasions pleuvent. Écoutez si M. Le Masson, dès 1851, a su le fin mot.

« Le premier empire a été tellement l'empire de la guerre, que celui d'aujourd'hui aura bien de la peine à être l'empire de la paix. L'origine d'un gouvernement lui fait une situation qui le jette souvent dans la voie même qu'il désire le plus d'éviter. Si on ne fait jamais la guerre par plaisir, on ne la fait pas non plus uniquement par nécessité; elle n'est que trop souvent une affaire d'entraînement. Sans doute le gouvernement de Louis-Napoléon ne va pas briser à l'improviste les traités de 1815, envahir la Belgique et tenter une descente en Angleterre, et l'Europe, de son côté, ne va pas venir attaquer la France et s'opposer à l'Empire. Sans doute tout est bien changé depuis 1815, hommes, choses et circonstances ; les haines et les souvenirs irritants se sont affaiblis, l'esprit industriel domine l'esprit guerrier, et aucun État ne paraît en ce moment songer à des conquêtes. *Et cependant on sent qu'il faudra peu de chose pour jeter l'Europe dans la guerre*, et l'on soupçonne que le nouvel empire aura plus d'une fois une violente tentation de réparer les désastres de l'ancien, et de se faire le rédempteur de 1814 et de 1815. Ce doit même être une des causes de ce mouvement sans exemple dans l'histoire de la France, de cet entraînement irrésistible vers Louis-Napoléon. Pour le peuple et pour les soldats, le titre d'empereur a une signification toute guerrière. Si, depuis 1815, l'armée n'a jamais pesé sur le pouvoir, dans les questions de paix ou de guerre, peut-on dire aujourd'hui qu'il en sera toujours de même? On a vu, sous Louis-Philippe, l'opinion pencher plusieurs fois pour la guerre, et garder rancune au gouvernement qui l'avait évitée. Aujourd'hui, dans des circonstances semblables, la paix ne serait pas maintenue. En un mot, la situation est changée ; une nouvelle cause de lutte européenne s'ajoute à toutes celles qui s'accumulent depuis longtemps : questions commerciales et maritimes, *indépendance de l'Italie*, affaires religieuses, interventions, rivalités de race, *partage de la Turquie*. Car, depuis 1830, la paix de l'Europe n'est qu'une duperie et un mensonge ; toutes les puissances entretiennent un effectif armé hors de toute proportion avec leur état financier ; on n'ose ni la paix, ni la guerre, et on laisse toutes les difficultés pendantes ; mais la guerre vient, parce qu'elle seule peut les résoudre. »

Voici comment les choses s'arrangeront à l'avenir.

« *Les limites naturelles et surtout la ligne du Rhin*, voilà la question vitale pour la France. Elle aura beau mettre en culture les grandes étendues de son territoire encore en friche, s'assimiler l'Algérie, coloniser la Guyane, se couvrir de chemins de fer ; toutes ces grandes entreprises, *qu'elle est d'ailleurs peu capable de réaliser*, n'augmenteront ses forces qu'à la longue et ne lui donneront jamais ce que la possession de la rive gauche du Rhin peut seule lui donner, la sécurité pour sa capitale et le moyen de résister à une attaque de l'Europe. Qu'elle ne croie pas à l'utopie de la paix dont veulent bercer le monde certaines gens qui font de la politique une affaire de sentiment et non d'intérêt. La guerre est un de ces maux des sociétés humaines, qui contribuent à leur grandeur et qui ne disparaîtront jamais. Si la France renonce à toute idée de conquête et d'agrandissement, si elle s'endort dans son repos et s'endurcit dans sa chute, ce sera le signe certain de sa déchéance. Toute nation qui n'a plus d'ambition est une nation qui décline. Espérons que la France n'en est pas là ; qu'elle a pu éprouver, dans ces derniers temps, de la lassitude, de la langueur et même de la défaillance ; mais qu'elle n'a pas oublié son passé, et qu'elle n'oubliera pas le soin de son avenir. »

On sait maintenant que les « limites de la France » étaient une menace. Les événements ont prouvé que ce prétendu employé au ministère de la guerre n'était pas un homme isolé. Du reste, un simple employé n'aurait pas osé publier, sous la dictature de décembre, un factum aussi important, sans l'assentiment et même l'approbation de ses supérieurs, de son maître. Ce maître a su s'identifier avec la volonté d'un pays de 36 millions d'âmes, il a supplanté ce pays tout entier, en assumant sur lui seul la responsabilité du gouvernement, des mœurs, des arts et de l'économie sociale ; ce maître enfin a déjà mis en scène une bonne partie de la pièce de M. Le Masson : il s'est emparé, en dernier lieu, de la Savoie et de Nice, il a « complété » de ce côté-là le territoire français. M. Le Masson nous a déclaré, il y a huit ans, que c'était là la moindre des choses, une simple introduction, une espèce d'ouverture.

Le rideau va donc se lever.

LES FRONTIÈRES HISTORIQUES DANS L'OUEST DE L'EUROPE.

Trève maintenant de « limites naturelles, » le mot même est une pure entité qui ne répond à aucun fait réel. Il n'y a point de limites naturelles. La nature ne s'est jamais occupée de limites, de barrières, ni de cartes géographiques; tout cela est du domaine de l'homme. Annibal et Napoléon, Jules César et Diebitsch ont escaladé toutes les Alpes; bien des conquêtes ont été faites, en dépit des plus hautes cimes et des glaciers éternels. Quand l'heure fatale a sonné pour un peuple, quand une race tout entière devient incapable de tenir sa place au soleil : un nouveau peuple, une nouvelle race sortent, on ne sait trop d'où, et passent, on ne sait trop comment, par dessus tous les obstacles, pour implanter la vie dans le domaine de la mort. Pour les uns, le tout est d'être à l'agonie, pour les autres, d'être mûrs. Mais personne ne franchira impunément le plus petit ruisseau, si de l'autre côté il y a quelqu'un qui mérite de vivre. Voilà la morale des migrations des peuples, l'antidote de la force brutale. La France ne digérera jamais la Savoie, les 12,000 signatures recueillies dans le Faucigny et le Chablais, pour l'annexion à la Suisse, seront comme un poison dans son sang.

Les frontières sont toujours artificielles, œuvre d'art, émanation du faire et du savoir-faire humains; or ce que la volonté humaine inscrit sur le rôle du temps, c'est de l'histoire. Il y a des frontières historiques. Ce n'est pas la nature qui trace les bandes vertes, rouges et bleues, que les enfants étudient en classe, c'est nous qui les traçons.

Mais s'il faut substituer à l'expression « limites naturelles » celle des *frontières historiques*, la France napoléonienne est bien imprudente de se servir de pareils termes. Voyons plutôt.

M. Le Masson nous dit qu'il appelle son pays la France, faute d'un meilleur nom, mais qu'au fond, il entend parler de la *vieille Gaule*. Mais la « vieille Gaule » a disparu à tout jamais dans la migration des peuples, et la France est le pays des Francs, qui n'étaient point Gaulois. Il est vrai qu'on représente aux écoliers français Charlemagne (Karl le Grand) comme un grand *empereur français* qui « savait, outre sa langue maternelle, le français, encore le tudesque et le latin. » Malheureusement, du temps du Grand Karl, il n'y avait point de langue française. Nous y reviendrons.

Si même nous admettons pour un moment que la France d'aujourd'hui soit l'ancienne Gaule, nous demanderons encore à M. Le Masson, de *quelle* Gaule il entend parler, de la Gaule à quelle époque? De la Gaule avant Jules César, qui embrassait la vallée du Rhin supérieur et l'Helvétie? Si oui, nous le prierons de vouloir bien s'emparer de ces régions-là, mais de laisser tranquilles la Belgique et le Bas-Rhin; car environ 300 ans avant Jésus-Christ, les anciens Belges ou *Bolgen* (les ondoyants, les courageux) chassèrent les Gaulois de la Belgique, en les refoulant jusqu'à la Seine. Ces Belges, d'après les auteurs, étaient d'une stature élevée, avaient les yeux bleus, les cheveux blonds, et ressemblaient aux Germains de Tacite comme une goutte d'eau à l'autre. Après que ces Belges eurent occupé tout le pays jusqu'au bassin de la Seine, de nouvelles tribus germaniques arrivèrent, coup sur coup, sur les mêmes lieux. Les Cimbres et les Teutons, du temps de Marius, laissèrent en Belgique les vieillards et les blessés, ainsi qu'une partie de leurs femmes et de leurs enfants, avant de pousser plus loin, ce qui fait supposer que ces peuples se trouvèrent en pays de connaissance en Belgique. Un demi-siècle plus tard, Jules César rencontra en Belgique la résistance la plus désespérée, chez les *Eburons* (pays de Liége) et les *Atuatiques* (pays de Namur); ces derniers lui opposèrent 50,000 hommes en armes. La Gaule proprement dite se soumit bien plus facilement que ces tribus de souche germanique. Jetez un coup d'œil sur une carte de la Belgique à l'époque romaine : toute la côte de la mer du Nord, Dunkerque, Calais, Boulogne, tout cela est germano-belge. Amiens, sur la Somme, est encore loin de la frontière.

Il est vrai que les Romains ont appelé la Belgique *Gallia Belgica*, il est vrai encore que, sous leur domination, il se forma le dialecte wallon, composé de latin et de tudesque, et qui se parle encore de Tournai à Liége. Mais les Français ont-ils donc hérité des Romains, parce que la Gaule avait été conquise, tout comme la Belgique, par les dominateurs du monde?

Les véritables héritiers de l'Empire romain furent les peuplades germaniques qui, vers le milieu du iiie siècle de notre ère, s'avancèrent de la *Sala* (l'Yssel) vers le Brabant hollandais, pour conquérir, au bout de quarante ans, tout le pays entre la Meuse et le Vieux-Rhin, autrement dit la Batavie. C'est ainsi que les *Francssaliens* forcèrent la barrière du Rhin et enfoncèrent la porte de l'Empire. A eux dorénavant la Belgique, et bientôt la Gaule.

Un fait analogue se passa sur le Haut-Rhin. Là demeurèrent, depuis le iiie siècle, les *Allamands*, une des tribus de la fédération des Suèves, qui, petit à petit, s'étendirent jusqu'au lac de Constance. L'empereur Julien, « le Romantique sur le trône des Césars, » fit son possible pour les arrêter, et réussit même à les battre près de Strasbourg (357); mais lorsque l'Empire romain croula définitivement, ces Allamands occupèrent l'Alsace et la Suisse allemande. Ils sont encore dans ces deux pays, et l'ancien nom d'*Helvétie* a depuis lors autant de signification que celui de *Gaule*.

Le même empereur Julien fut obligé de reconnaître les Francssaliens dans leur conquête batave. Il y a plus, à l'approche des Huns qui se ruèrent sur l'Occident, ce furent déjà les Francs qui opposèrent toute leur force aux intrus sauvages de l'Orient.

Le monde celto-romain étant à sa fin, une force vierge remplissait tout l'Occident. Pendant cent ans environ, Rome avec ses dépendances s'était débattue entre la vie et la mort ; maintenant, c'en était fait. A une autre époque, les Gaulois avaient refoulé les Ibériens jusque dans les gorges des Pyrénées où, à l'heure qu'il est, les restes fossiles de la langue basque forment encore un objet de curiosité pour les grands linguistes. De même, les Germains refoulèrent, à l'époque de la migration, les Gaulois jusque dans la Bretagne, où les débris de leur langage antédiluvien se sont conservés. L'élément principal de la langue française est le latin, et on appelle les langues française, italienne, espagnole et portugaise, les idiomes néo-latins. Qu'est devenu dans tout cela le Gaulois ?

Au milieu du ve siècle, les Francs étaient maîtres de la Belgique, et toute la partie septentrionale du pays, au dessus de la ligne de Liége à Tournai, a depuis invariablement parlé un dialecte germanique, le flamand. Ce fut le roi franc Mérovée qui, en 451, à côté du romain Aëtius, brisa à Châlons-sur-Marne, la puissance d'Attila, dévastateur par la grâce et la colère de Dieu. Clovis, petit-fils de Mérovée, conquit la Gaule, la France d'aujourd'hui ; en 497, le « fier Sicambre » se fit baptiser. Voilà l'origine des *Rois très chrétiens*. Un chef de la tribu des Francs-saliens conquit les bassins de la Seine et de la Loire : il incorpora ensuite le royaume des Burgondes à l'Orient, il annexa enfin le royaume des Visigoths au Midi : et c'est ainsi que fut inaugurée une nouvelle ère en Europe.

Ce furent les Ostrogoths sous leur roi Théodoric, qui introduisirent une nouvelle civilisation en Italie, et leurs successeurs, les Lombards, également Germains, fondèrent le droit féodal, le droit public du moyen âge. Wallia, roi des Visigoths, s'établit en Espagne ; les Visigoths, avec le concours des évêques de l'église, ont codifié le droit public de ce pays, dans le *Fuero Juzgo* (forum judicum). Revenons aux Francs sortis de la Belgique.

Sous les rois Mérovingiens, l'Empire des Francs fut souvent divisé, et les affreuses guerres entre la *Neustrie* et l'*Austrasie*, deux branches de la même famille germanique, furent la conséquence de ces partages. Certains historiens ont trouvé moyen de travestir ces contestations sanglantes en autant de guerres entre la France et l'Autriche !

L'Escaut fut adopté comme frontière entre la Neustrie et l'Austrasie, nullement entre la France et l'Allemagne, qui n'existèrent pas même. Le mot *français* ne date que du ixe siècle ; le serment prêté par Charles le Chauve à son frère Louis le Germanique (842), est le premier document authentique de cet idiome.

Les maires du Palais des Mérovingiens, les fondateurs d'une

nouvelle dynastie, qui paraît avoir servi de modèle aux habitants actuels des Tuileries, réunirent de nouveau la Neustrie et l'Austrasie en un seul royaume des Francs, et un « Teuton par le sang comme par la langue, » *Pépin de Landen* (près de Tirlemont), un Franc austrasien, fut l'aïeul de Karl le Grand. Pépin d'Herstall (près de Liège) consomma le grand œuvre; son fils, Charles Martel, sauva, entre Tours et Poitiers, la jeune civilisation contre les Sarrasins, comme Mérovée l'avait sauvée contre les Huns. Le fils de Charles, Pépin le Bref, se fit élire roi de tous les Francs, et sacrer par le légat du pape Zacharie, Saint-Boniface. Ce fut lui qui fonda le célèbre « pouvoir temporel des papes. » Où est-il question dans tout cela de Français, successeurs des Gaulois?

Il serait même dangereux de réclamer historiquement la Neustrie et la Burgondie; car les peuples germaniques réclameraient à l'instant l'Austrasie tout entière. Or, nous lisons dans les livres de l'histoire, que *Metz* était la capitale de l'Austrasie!

Karl le Grand, « premier Empereur français, » d'après l'histoire légendaire, en vérité le fondateur d'un grand empire franco-germanique qui s'étendait de l'Èbre et de l'Apennin jusqu'à l'Eider, et de l'Atlantique jusqu'à la Raab en Hongrie, est l'expression typique du germanisme, à l'entrée du moyen âge. Ce franc belge et austrasien, qui propagea le christianisme à sa manière, conçut le premier le plan d'une grammaire du dialecte belgo-franc, qui dominait de son temps, comme ce fut plus tard, sous les Hohenstaufen, le tour du dialecte allémanique, et enfin celui du dialecte de Meissen, à dater de la traduction de la Bible par Luther.

Si en Europe une monarchie universelle était possible, celle de Karl le Grand aurait certainement eu autant de chances de vivre que toute autre. Il s'agissait bien alors de monarchie! Vingt-neuf ans après la mort de l'Empereur, sa vaste création tomba en pièces. Par la brèche entra la *féodalité* qui avait pour mission de parquer tout, hommes et choses, dans une vaste hiérarchie sociale et politique. Ce système cellulaire fut l'éducation du monde germano-chrétien, sa longue préparation à la nationalité moderne, dont le premier terme fut la monarchie.

Nous sommes au *Traité de Verdun, 843*. Sont-ce là peut-être les archives des « limites naturelles? » La Prusse, en 1843, célébra officiellement la fête millénaire du partage historique de l'empire de Karl le Grand, qui fut ainsi distribué entre les trois fils de Louis le Débonnaire : à Charles le Chauve, les provinces occidentales; à Louis le Germanique, les provinces orientales au delà du Rhin, y compris Worms, Spire et Mayence; à Lothaire, la dignité impériale, l'Italie, la Burgondie et l'Austrasie, c'est à dire la rive gauche du Rhin et tout le pays jusqu'à l'Escaut. Le turbulent Lothaire partagea, de son vivant, son empire de la manière suivante : son fils aîné eut l'Italie, le second la Provence, le troisième, Lothaire II, la Lotharingie, c'est à dire le pays entre le Rhin et l'Escaut. A la mort de Lothaire II, son oncle de France s'empara de la Lotharingie; mais Louis de Saxe, fils du Germanique, la reprit, et toute la Haute et la Basse-Lotharingie, avec les villes de Bâle, Strasbourg, Metz, Trèves, Aix-la-Chapelle, Utrecht, restèrent à l'Empire germanique (880).

Le nom d'Austrasie disparut. La Belgique jusqu'à l'Escaut était pays germanique et fief germanique, sous le nom de Basse-Lotharingie. La Belgique au delà de l'Escaut, était pays germanique, mais fief français. La Haute-Lotharingie tout entière, c'est à dire l'Alsace, le duché de Lorraine, le pays de Trèves, était pays et fief germanique. La Franche-Comté, c'est à dire la Bourgogne jusqu'à la Saône, avec la capitale Besançon, a appartenu à l'Allemagne, jusqu'à l'époque de Philippe le Hardi — seconde moitié du xv° siècle — et ne fut incorporée à la France que sous Louis XIV. Dans l'Allemagne supérieure, le droit historique resta intact jusqu'aux guerres de la Réforme. Retournons donc au Nord.

La Flandre au delà de l'Escaut, y compris la Flandre dite française (les départements du Nord et du Pas-de-Calais), pays foncièrement germanique, fut gouvernée par les successeurs de Baudouin et de Judith, fille de Charles le Chauve, c'est à dire par une lignée issue de sang belge mêlé au sang carlovingien. Nous allons voir, combien la suzeraineté purement honoraire sur ce pays a coûté à la France, et quelle indépendance de caractère, quelle vaillance civique et militaire furent déployées par ces Flamands dans les contestations avec leur suzerain ! Il y a là des souvenirs qu'il serait bon de raviver en Flandre...

La France, le royaume des Francs de l'Ouest, créa... assez chétive du ix° siècle, ne se raffermit un peu que vers la fin du x° siècle, au moyen d'un changement de dynastie. La royauté ne signifiait pas grand'chose, elle n'exerçait de pouvoir réel que sur les domaines de la couronne, situés sur la Seine et la Loire (Tours). Les vassaux étaient bien plus puissants que leur suzerain.

En l'an 911, la Normandie fut prise par le chef scandinave Rollo. En 946, les Normands mirent le roi Louis d'Outremer en prison à Laon. Les vassaux francs, entre autres le comte de Flandre, même le roi de Germanie, étaient obligés de *sauver* la monarchie occidentale. Lorsque Lothaire, fils de Louis, avait fait une invasion en Lotharingie, et était entré solennellement à Aix-la-Chapelle l'ancienne capitale du grand Karl, la France apprit pour la première fois à connaître la « coalition du Nord » : Allamands, Lorrains, Flamands et Saxons, au nombre de 60,000, vinrent visiter les buttes de Montmartre et y chantèrent un *Te Deum*.

Après les Carlovingiens vinrent les *Capétiens*, la gloire de la vieille France, l'idéal de M. Le Masson. Ils étaient natifs de Rennes, en Normandie, et d'après M. Michelet, originairement des chefs *Saxons*, au service de Charles le Chauve. Ils parlèrent donc probablement, « en dehors de leur langue maternelle, le français, » encore un peu l'allemand.

Mais passons condamnation sur ce point. La royauté nationale était fondée (987). M. Michelet, à la vérité, ajoute : « Qu'importait aux vassaux dans la Gascogne, le Languedoc, la Provence, qui, à Paris, portait le titre de roi, un Charles ou un Hugo? Toutefois Capet était devenu l'égal de ses semblables, les rois, dorénavant, étaient à même de résister au comte d'Anjou et à celui de Poitiers. »

Les Capétiens ont eu pour mission de créer, en Neustrie et en Bourgogne, l'unité du pouvoir royal; ils ont pris sur eux la tâche de fonder *per fas et nefas* une individualité nationale. Depuis l'an 1000, les Germains n'ont fait que se défendre contre l'absorption dans cette nouvelle unité nationale, sans, du reste, jamais l'entraver. Cette situation dure depuis huit siècles. Encore tous les traités, jusqu'à ceux de 1815, ont-ils été conclus au grand avantage des Neustriens. Les Francs orientaux et les Austrasiens, tant qu'il en reste, sont néanmoins fermement résolus à observer ces conventions. La question est de savoir, si les Neustriens, poussés par une influence délétère, qui sait donner un vernis jusqu'à la pourriture, et dorer jusqu'à des actes honteux de spoliation, déchireront les traités à la pointe de l'épée. Cette question est très grave pour les Neustriens aussi, car le bon sens, appuyé sur l'histoire, est là pour montrer l'issue où mènerait fatalement le mépris des leçons du passé. Les Germains pourraient bien finir par perdre patience, et parler de « frontières naturelles, » eux aussi...

S'il y a un fait avéré et dûment constaté dans les annales de l'histoire, c'est bien celui-ci : que la France aura beau prendre la Belgique, qu'elle ne saurait point la garder. Ce fait a son corollaire : l'Angleterre et la Belgique sont indissolublement liées. Il n'y a pas de méchanceté ni d'anglophobie qui tiennent.

Les Flandres, florissantes dès le xi° siècle, avaient de bonne heure anticipé sur les principes de 1789. A l'assemblée des États d'*Audenarde*, on stipulait le droit pour les paysans d'être renvoyés d'une accusation, du moment où douze de leurs pairs auraient reconnu leur innocence. Il y a des chartes municipales qui datent du même temps, milieu du xi° siècle, et ces chartes encore ne firent que confirmer le droit coutumier. Eh bien, ce pays, véritable berceau de la liberté moderne, a soutenu pendant des siècles la lutte contre la France, et a toujours été l'allié de ses cousins-germains, les Anglo-Saxons. Le paysan flamand, à l'heure qu'il est, a coutume de dire : l'Anglais ne souffrira jamais le Français à Anvers ! L'histoire, depuis 918, n'est qu'un long commentaire de ce dire populaire.

Baudouin le Chauve, comte de Flandre, aïeul de Godefroid de Bouillon, épousa en 918 la fille d'Alfred le Grand d'Angleterre, et fit la guerre à la France. De 1005-1007, Baudouin IV devint maître du comté de Valenciennes et de la ville de Gand ; il s'empara même du château impérial de cette dernière ville, ainsi que de tout le pays le long de l'Escaut, jusqu'aux îles de Zélande. Dès lors, la Flandre relevait en partie du royaume néo-franc, en partie de l'Empire germanique — intéressante position intermédiaire qui pronostiquait un grand avenir au pays, et qui ne tarda pas de mêler la Flandre aux affaires de Lorraine. En effet, dès 1036, Baudouin de Lille, comte de Flandre, s'engagea dans une guerre contre la Basse-Lorraine.

Lors des différends entre Philippe-Auguste de France et Richard Cœur-de-Lion d'Angleterre, la Flandre se rangea de nouveau du côté anglais. Philippe-Auguste s'empara de Douai, de Saint-Omer, d'Arras et de l'Artois, toutes possessions flamandes; à la paix de Péronne (1200), il fut obligé de rendre Douai et Saint-Omer. En 1213, Philippe-Auguste, l'Astucieux, projeta un *débarquement sur la côte anglaise*, et il proposa à Férrand, comte de Flandre et de Hainaut, de s'associer à cette entreprise. Mais celui-ci profita de l'occasion pour revendiquer sa propriété au Midi. En 1214 eut lieu la bataille de *Bouvines*. Flamands, Hennuyers, Allemands et Anglais combattirent contre les Français. Le comte Ferrand fut fait prisonnier et paya à Louis VIII une rançon de 50,000 livres; il dut céder les villes de Douai, Lille et Sluys à la France qui, plus que jamais, appuya sur ses droits de suzeraineté. (Paix de Melun, 1225.)

Mais ce que les princes belges ne surent pas accomplir, la bourgeoisie s'en chargea. Le développement et la puissance des villes flamandes commencèrent à dépasser le pouvoir souverain. Philippe le Bel humilia impunément le comte de Flandre, mais la bourgeoisie prit les armes pour laver sa honte. Au commencement, le roi-avocat fut assez heureux, il conquit la Flandre et reçut avec sa reine Jeanne de Navarre l'hommage des vaincus; la clique des fransquillons commença dès lors son tapage séculaire dans le pays. Mais les bourgeois, et surtout les tisserands et les foulons, murmurèrent. Il s'éleva un grand cri dans le pays : « On veut nous traiter comme les provinces françaises, dont les habitants sont *esclaves!* » Courtrai (11 juillet 1302) devint le premier Waterloo : là les chevaliers français, bardés de fer et pleins de présomption, éprouvèrent les piques et les hallebardes (*goedendags*) de l'infanterie urbaine, derrière laquelle les sabres et les haches brillaient d'un éclat funeste. Les fuyards périrent dans un marais, l'endroit porte encore aujourd'hui le nom de la *Prairie sanglante*. Quatre mille paires d'éperons dorés tombèrent entre les mains des bourgeois flamands qui en ornèrent leurs églises.

Dans la guerre de cent ans entre la France et l'Angleterre, les Flamands se trouvent de nouveau du côté anglais, et c'est avec beaucoup d'à-propos qu'un historien fait observer que: « Sans vouloir amoindrir la Pucelle, il faut dire que Jeanne d'Arc ne put délivrer Orléans qu'après la retraite des troupes bourguignonnes et belges. » Ce fut encore la bourgeoisie qui leva l'étendard. Au commencement, Louis de Crécy, comte de Flandre, hésitait à déclarer la guerre à son suzerain, Philippe de Valois, mais *Jacques Van Artevelde*, citoyen de Gand, sut l'y forcer. En vain Philippe flattait-il ces bourgeois revêches ; à toutes ses insinuations ils répondirent par là « revendication » de Lille et de Douai. En 1346, 60,000 hommes rejetèrent les Français du Hainaut ; au combat naval de *Sluys*, ce furent les matelots flamands qui décidèrent la victoire de la flotte anglaise et détruisirent la flotte française, — prélude de la bataille de Trafalgar, comme la Hogue en fut un autre. A la bataille de *Crécy* encore, l'Angleterre ne dut sa brillante victoire qu'aux auxiliaires flamands. Jacques Van Artevelde poussa Édouard III à adopter le titre de roi de France. Plus tard, les bourgeois forcèrent le fils de Louis de Crécy, Louis de Male, à refuser l'hommage au malheureux roi Jean, et enfin (1369), Charles le Sage rendit aux Flamands Lille, Douai, Béthune, Hesdin, etc.

Si le plan de *Philippe Van Artevelde* eût pu se réaliser, la Basse-Lotharingie était républicainement reconstituée, un grand problème historique réalisé. L'histoire voulant faire mieux, a préparé à la Belgique un lit de douleur de quatre siècles. Au lieu de la fédération des communes, qui aurait été la véritable fondation des États-Unis néerlandais, la maison de Bourgogne fit son apparition éphémère et finalement désastreuse.

Philippe le Hardi épousa Marguerite de Flandre, et ainsi le duché de Bourgogne, le comté de Flandre, l'Artois et la Franche-Comté, furent réunis dans la même main. Jeanne de Brabant, veuve de Wenceslas, légua à la même Marguerite de Flandre le duché de Brabant. Jean-sans-Peur, fils de l'heureuse héritière, fut assez adroit pour laisser aux Flamands leur langue et leur commerce avec l'Angleterre, et pour abolir les impôts les plus vexatoires.

En 1428, Philippe le Bon acquiert la Hollande et le Hainaut ; en 1429, le Namurois ; en 1430, le Brabant ; en 1443, le Luxembourg : la maison de Bourgogne était en voie de *rétablir l'ancienne Austrasie* et de fonder, peut-être à jamais, *l'équilibre européen*. Philippe le Bon arracha à Charles VII de France presque toutes les villes de Picardie, qui pendant la guerre de succession, étaient tombées au pouvoir des Français. Il fut même stipulé que le duc, pour sa personne, ne ferait point hommage à la France. Philippe commença à centraliser son nouveau royaume : en 1455, il institua un Grand Conseil pour la Belgique, une espèce de parlement royal. Il ne manqua plus que la couronne et le titre de roi.

Alors se leva sur l'Europe, et sur la Belgique en particulier, cette comète échevelée, dégouttant de sang sur tout son passage, et qui a nom *Charles le Téméraire*. Ce fut un autre Charles XII de Suède, qui par son manque de prudence et de modération fit échouer une des plus belles combinaisons historiques. Charles de Bourgogne ouvrit les écluses aux débordements de la France; Charles de Suède créa la Russie moderne.

Charles le Téméraire se trouvait dans une position admirable pour relever les barrières entre les Néo-Francs et les Germains. Doué de beaucoup de vigueur pour conquérir et annexer, il fut dénué de tout sens politique. Arrivé au comble de sa puissance, il domina un empire qui s'étendait de la Frise jusqu'à la frontière de la Suisse : Utrecht était sa protégée, la Gueldre était conquise; tous les Pays-Bas avec l'Artois et Cambrai, la Picardie (Calais, Boulogne, Abbeville, Amiens, Saint-Quentin) lui appartenaient par droit d'hérédité; Liége, si cruellement traitée, lui rendait hommage; le Luxembourg était à lui; la Lorraine était conquise; le duché et le comté de Bourgogne étaient sa succession; l'Alsace même lui avait été engagée... A Trèves, Charles se rencontra avec l'Empereur d'Allemagne, Frédéric III, et là les deux monarques stipulèrent que Maximilien d'Autriche épouserait Marie, la fille de Charles, et serait nommé Roi de Bourgogne, vicaire de l'Empire sur la rive gauche du Rhin, enfin Empereur. Le pont d'or était jeté sur le fleuve du passé, Lothaire ressuscita, et la Lotharingie se trouva reconstituée. Tout fut bouleversé par le Téméraire : il s'attaqua follement à la Suisse, perdit la bataille et la vie, et sur sa tombe, la monarchie française, débarrassée des Anglais, s'écria joyeusement : maintenant aux Allemands! — Louis XI régna; sous ses successeurs les expéditions contre l'Italie et l'Allemagne commencèrent, et la France forcément unitaire, se dirigea vers les « limites naturelles. »

Après la mort de Charles de Bourgogne, Louis XI tomba sur l'Artois et la Franche-Comté. A la paix de Senlis (1493), ces pays furent rendus à Maximilien d'Autriche; mais la France obtint le duché de Bourgogne, et comme le dit M. Michelet, « la chute de la maison de Bourgogne fortifia à tout jamais celle de France. La

France atteignit cette unité qui l'a rendue terrible à l'Europe. »
Sous Louis VIII, la Provence et la Bretagne furent réunies à la
couronne.

Charles-Quint (de Gand) insista encore après la bataille de Pavie
(1521) sur la reddition du duché de Bourgogne. François Ier pro-
mit tout, pour ne rien tenir. Tout ce que l'Empereur obtint,
ce fut l'abandon de tout droit de suzeraineté, de la part de la
France, sur l'Artois et la Flandre qui, à la paix de Crespy (1544),
rentrèrent dans une indépendance complète. L'Empereur fit plus,
il constitua tout son héritage de Haute et Basse-Lotharingie en
Cercle bourguignon, qui, comme tel, fut déclaré partie intégrante
de l'Empire germanique (Diète d'Augsbourg, 1548). Cette résolution et la paix de Crespy indiquent, pour tous les temps à venir,
les frontières historiques que Germains et Belges devront opposer
aux provocations des Le Masson.

La Réforme de l'Église a violemment dérangé l'échiquier politique. Tandis que l'Angleterre s'émancipait de Rome, pour constituer son unité nationale, tandis que la France même se fortifiait,
en repoussant et extirpant le mouvement réformiste, l'Allemagne
et les Pays-Bas furent cruellement déchirés. La liberté de conscience coûta cher à l'Empire germanique, car les protestants en
appelèrent à la France, et Maurice de Saxe vendit Metz, Toul,
Verdun et Cambrai à son allié Henri II. Dans les Pays-Bas éclata
la révolution contre l'Espagne ; la Hollande se sépara de la Belgique. Les batailles de Guinegate, de Saint-Quentin et de Gravelines furent comme les dernières lueurs de l'antique vaillance
flamande : la Belgique était ruinée et isolée. La république hol-
landaise lui arracha tout le pays le long de l'Escaut, lui ferma le
fleuve même, et abaissa la Belgique au rôle d'une simple barrière,
érigée contre la France. La paix de Westphalie confirma cette
situation malheureuse.

La France avait assassiné les Huguenots, pris d'assaut la
Rochelle, pour maintenir son unité ; Louis XIV révoqua l'édit de
Nantes et fit dragonner les hérétiques dans les Cévennes : cette
centralisation des forces et des esprits, préparée par Richelieu,
devint l'instrument le plus puissant dans les guerres de conquête.
Soyons juste pourtant, d'après les recherches consciencieuses de
M. Mignet, le cardinal lui-même n'aurait point été amateur des

« limites naturelles. » En 1634, les Hollandais lui proposèrent le partage de la Belgique, mais Richelieu répondit que, même dans le cas le plus heureux, cette conquête pourrait être maintenue seulement au moyen de très fortes garnisons qui rendraient les Français odieux aux peuples, et les exposeraient à de graves révoltes et à des guerres éternelles. Il craignit même, le cardinal, qu'une conquête complète n'exigeât plus de vingt années d'efforts. Aussi eût-il préféré former des Pays-Bas espagnols une république catholique et indépendante qui, selon lui, eût offert aux Français et aux Hollandais le grand avantage de les délivrer des Espagnols, sans les rendre proches voisins et, comme tels, ennemis les uns des autres.

Aux modifications près, c'est là l'idée de la conférence de Londres (1851); du temps de Richelieu, cette idée échoua contre l'affaissement des Belges et l'avidité des Hollandais. Ce n'est donc pas le cardinal Richelieu qui doit être mis en cause pour tous les malheurs subséquents; la malédiction tout entière retombe sur Mazarin qui, de longue main, avait préparé le programme du gouvernement de Louis XIV. Comme après Louis XI, la France se précipita sur ce « tombeau ouvert » qui s'appelle l'Italie, ainsi la France tranquillisée par Richelieu dans son intérieur, se jeta sur la Belgique et sur l'Allemagne.

La « liberté de l'Allemagne » qui, déjà en 1552, avait coûté à ce pays les trois évêchés lorrains, fut mise à l'ordre du jour. En 1658, Louis XIV forma une *Confédération du Rhin* avec les trois évêques-électeurs, l'évêque de Munster, le duc de Brunswic-Lunebourg et le landgrave de Hesse-Cassel; dans cette Confédération Louis s'érigea en *Protecteur* d'une grande partie de l'Allemagne.

C'était le point de départ des guerres atroces entre la France d'un côté, la Hollande, l'Angleterre, l'Autriche et la Prusse, de l'autre. Pareille chose ne s'est plus vue jusqu'au temps de Napoléon. Poursuivons simplement l'histoire des frontières dans l'Ouest de l'Europe, telles que les différents traités de paix les ont établies.

La paix de Westphalie (1648) donna à l'Empire germanique le grand principe de la tolérance et de l'égalité devant le droit, abstraction faite de la confession; mais elle lui enleva la partie autrichienne de l'Alsace, le Sundgau, Brisac, et tout droit aux évéchés lorrains. Les villes libres et impériales, telles que Strasbourg, et les possessions des Immédiats de l'Empire en Alsace, furent garanties par la France. Nous avons déjà dit que la paix entre la Hollande et l'Espagne, stipulant la fermeture de l'Escaut, fut ratifiée. La paix de Westphalie était la première œuvre de Mazarin, comme celle des Pyrénées (1659) sa dernière. On convint que Louis XIV épouserait la princesse d'Espagne, Marie-Thérèse, et qu'il aurait pour dot : l'Artois presque tout entier, Gravelines, Bourbourg, Saint-Venant en Flandre, Landrecies, Avesnes et le Quesnoi dans le Hainaut, Philippeville et Marienbourg dans le Namurois, Montmédy dans le Luxembourg.

A la paix d'Aix-la-Chapelle (1668), le grand roi dut encore une fois rendre gorge, en restituant la Franche-Comté, tandis que vers le Nord il obtint : Charleroi, Ath, Douai, Tournai, Lille, Audenarde, Courtrai, Furnes et Bergues. Quant aux « limites naturelles, » bientôt après la paix, Louis fit réclamer, par la bouche des Le Masson et Thouvenel d'alors : *La Sicile, Naples, Gênes, Nice, le Piémont, Lucques, Milan, l'Arragon, la Castille, la Navarre, L'ALLEMAGNE, L'ANGLETERRE,* les Flandres, Avignon, Venaissin, etc., etc.

La Hollande fut cruellement punie de son refus d'accéder à la création d'une république belge. Le grand roi se fâcha tout rouge contre les misérables « gazetiers » bataves qui troublaient le sommeil de Sa Majesté, en médisant d'elle, de ses ministres et de ses concubines. Fénelon lui-même attribua la nouvelle guerre à la haine du roi contre la liberté de la presse. Le Stathouder, Guillaume d'Orange, eut pour seul allié l'électeur de Brandebourg...

A la paix de Nimègue (1678), la Franche-Comté passa définitivement à la France qui obtint en outre Fribourg en Brisgau et quatorze villes belges, toute la ligne entre Valenciennes et Maubeuge. Le duché de Lorraine, occupé par les Français, dès le commencement des hostilités, resta entre leurs mains, le duc, après sa restauration, faisant bon marché d'une souveraineté recouvrée à des conditions déshonorantes.

En 1680, 600 villes, bourgs et villages furent, sur les arrêts des « *Chambres des Réunions* » de Metz et de Brisac, détachés de l'Empire d'Allemagne ; au beau milieu de la paix, la ville libre de

Strasbourg fut prise par trahison, et au traité de Ratisbonne, on passa condamnation sur tous ces brigandages ; l'Espagne céda même la ville de Luxembourg. En 1688 et 89, Guillaume d'Orange, devenu roi d'Angleterre par un coup d'état vertueux, opposa l'Angleterre, l'Allemagne, la Hollande, la Savoie et l'Espagne, au perturbateur du repos public. La Belgique fut encore une fois décimée, mais à la paix de Ryswick (1697), on lui rendit Luxembourg, Charleroi, Ath, Mons et Courtrai. L'Allemagne récupéra Fribourg, Brisac et Philippsbourg, en cédant toutefois *Strasbourg* et les réunions alsaciennes. La Lorraine fit encore une fois retour à son maître légitime.

Pendant cette guerre, la Belgique et le Palatinat apprirent à connaître le « principe supérieur » qui préside aux conquêtes françaises. Les colonnes de feu et de fumée qui marquèrent le passage de Mélac et d'autres à travers Spire, Worms et Heidelberg, seront un éternel stigmate pour les envahisseurs ; les Scythes qui composaient l'armée du grand roi, saccagèrent et brûlèrent des provinces entières, pour créer un désert entre la France et ses ennemis. Hélas, le désert ne s'étendait pas moins au cœur de la France, car, vers la même époque, Fénelon écrivit : « L'agriculture est en décadence, la population décroît, les métiers ne nourrissent plus leurs ouvriers, le commerce est anéanti. Au lieu de lever des impôts, il faudrait faire l'aumône au pauvre peuple et l'alimenter. *La France tout entière n'est plus qu'un vaste hôpital misérable et dépourvu.* »

Voilà le digne pendant des « limites naturelles, » la réaction inévitable des guerres de conquête ; avec cela, l'esclavage, la compression brutale des esprits, les camisards traités comme le Palatinat et comme la Belgique. Le docteur Hoffmann en Allemagne a prouvé, documents sur table, que les combats dans les Cévennes ont englouti 100,000 hommes, tandis que 10,000 autres furent pendus, roués et brûlés. Et madame de Maintenon d'écrire le plus tranquillement du monde : « Les troubles des Cévennes ne signifient pas grand'chose, il est *inutile* que le Roi s'occupe des événements de cette révolte. »

Dès 1701, l'Angleterre et la Hollande avaient demandé le droit de tenir garnison dans 14 villes belges (dites les *barrières*) : Nieuport, Ostende, Damme, Termonde, Mons, Charleroi, Namur,

Luxembourg, Stewensweert, Venloo, Ruremonde, — demande certainement peu flatteuse pour la Belgique, mais qui confirma de nouveau la nécessité d'une digue contre la France : il faut qu'il y ait un territoire austrasien, dût-il ne renfermer que 41 villes frontières !

La paix de Ryswick n'avait été qu'un moyen pour gagner du temps, Louis XIV voulait se préparer à la guerre de succession espagnole, il était décidé à ordonner aux Pyrénées de disparaître.

A la paix d'Utrecht et de Rastadt (1715 et 14), la Belgique échut à l'Autriche, la France rendit à la Belgique : Tournai, Menin, Furnes, Dixmude, Ypres; pour le reste, la ligne de démarcation, arrêtée à Ryswick, fut conservée. La Belgique, de son côté, dut définitivement céder à la Hollande Venloo et une partie de la Gueldre; l'Escaut resta fermé. Les Hollandais obtinrent le droit de tenir garnison à Namur, Tournai, Menin, Furnes, Warneton, Ypres. (Traité de la Barrière, de 1715.) Landau resta à la France.

Après les éclatantes victoires de la coalition, ce fut peu de chose; mais les tories anglais avaient rappelé, en 1711, le vainqueur de Hochstett et de Ramillies; la reine Anne, offensée par le célèbre verre d'eau, avait fait tomber en disgrâce le duc de Marlborough. Une double consolation resta aux peuples jaloux de leur indépendance : la Prusse, devenu royaume, commença à former un puissant état allemand, et le duc de Savoie, devenu, bientôt après, roi des Deux-Sardaignes, se chargea de la garde des Alpes.

La France était ruinée; derrière le cercueil de Louis XIV, une population, mourant de faim, hurlait ses malédictions. Les deux dernières guerres seules avaient coûté *quatre milliards* de livres, la banqueroute était imminente, et le Saint-Esprit de la tolérance outragé à jamais. Par contre, la monarchie avait acquis : l'Alsace, la Franche-Comté, l'Artois, la Flandre française, la moitié du Hainaut, et la lisière méridionale du Luxembourg. Mais pour les Pays-Bas jusqu'au Rhin, impossible de les conserver, c'était écrit. Mazarin qui pourtant avait inventé les « limites naturelles, » en avait déjà eu le pressentiment : « L'Angleterre, dit-il, risquera tout, pour ne pas laisser tomber entre les mains de la France les Pays-Bas méridionaux. »

Sous Louis XV, la Belgique fut encore une fois conquise, cette fois-ci par le maréchal de Saxe; mais en 1748, à la paix d'Aix-la-Chapelle, la France dut la restituer à Marie-Thérèse.

Par le traité de Vienne (1735), conclu par Charles VI d'Autriche, dans l'intérêt de sa *Pragmatique Sanction*, la Lorraine fut transférée à l'ex-roi de Pologne, Stanislas Leszinski, après la mort duquel le pays écherrait à la France. On sait que la maison de Lorraine fut dédommagée par la Toscane qui vient de lui être ravie.

C'est ainsi que la France s'est arrondie, qu'elle a annexé et incorporé, et voilà ses victoires sur l'Empire électif d'Allemagne, remorqué par la politique de la maison d'Autriche. Du traité de Verdun, du royaume néo-bourguignon, des efforts de Charles-Quint et même de Richelieu, il ne restait plus absolument rien que la république batave et l'inviolabilité, toujours contestée, de la Belgique amoindrie. Dorénavant, le repos et la sécurité de l'Europe tiennent à ce fil.

Le vrai révolutionnaire, l'homme d'État de 1789, *Mirabeau* en un mot, fut de l'avis de Richelieu. Dès 1784, il avait écrit : « Qu'est-ce qui vaut mieux pour l'Europe et les Pays-Bas, d'abandonner ce pays à la France ou de le voir se constituer en république indépendante de la France et alliée de l'Europe?—*Sans aucun doute, il vaut mieux que les Pays-Bas soient libres*, et, s'il est humainement possible d'établir un *équilibre politique* durable et vraiment utile, *il faut commencer par cette grande et salutaire révolution.* »

Mirabeau fut dépassé par la bourrasque révolutionnaire, le cardinal Mazarin renaquit, la Belgique fut conquise. Bientôt après, la Hollande eut le même sort. Les réformes intempestives de Joseph II, d'un côté, la haine accumulée contre la maison d'Orange, de l'autre, contribuèrent puissamment à ce renversement de l'équilibre européen. Pourtant l'incorporation de la Belgique dut être votée sous la protection bienveillante des baïonnettes, les historiens belges représentent tout le procédé comme la farce la plus impudente, et la conduite de l'armée « libératrice » comme le *nec plus ultra* d'une brutalité rapace.

Mais à peine avait-on touché à la sensitive de l'Europe occidentale, que l'Angleterre, fidèle à sa tradition millénaire, procéda à la *coalition*. Napoléon fonda toute sa politique commerciale sur la possession du port d'Anvers : l'Angleterre à dépensé 20 milliards pour faire d'Anvers un .port neutre, et des Pays-Bas la barrière contre la France. Dès 1805, Pitt avait formé le plan de faire de la Belgique et de la Hollande un *Royaume-Uni*, d'en ériger un second aux pieds des Alpes, et de donner le pays entre la Meuse, la Moselle et le Rhin à la Prusse. Ce sont les idées positives auxquelles on reconnaît les véritables hommes d'État.

Le premier traité de Paris, de 1814, renferma la France entre les frontières de 1792 : Guillaume d'Orange devint roi des Pays-Bas réunis, auxquels on ajouta le duché de Luxembourg, appartenant à la Confédération germanique. A la Suisse on restitua ses cantons occidentaux, le Valais, Genève, Neufchâtel, et depuis cette époque, ces « régions naturelles » qui faisaient partie de « l'ancienne Gaule, » célèbrent annuellement, en langue française, leur délivrance des « limites naturelles. »

Par le second traité de Paris (1815), les frontières de la France furent réduites à ce qu'elles avaient été en 1790. On donna : à la Prusse, Sarrelouis et Sarrebruck ; à la Bavière, la rive gauche de la Lauter, avec la forteresse de Landau — depuis forteresse fédérale, de même que Mayence ; — aux Pays-Bas, le duché de Bouillon avec Philippeville et Marienbourg. Ce fut bien peu pour les vœux patriotiques d'Outre-Rhin, et de grands politiques prédirent, dès lors, que la France, laissée trop forte, recommencerait à son heure le pèlerinage vers les « limites naturelles. »

Louis Philippe — fut-ce là son tort ? — pensait comme Mirabeau, comme Richelieu ; il refusa en 1830 la Belgique, aussi bien pour lui que pour son fils. En 1840, M. Thiers eut une velléité de jeune femme, on la lui fit passer par une mauvaise chanson allemande. L'idée du « Rheinlied » était vraie : « ils ne l'auront pas, » c'est à dire qu'ils ne peuvent pas le garder. Vingt fois ils l'ont eu, toujours ils ont lâché prise. Ils oublient toujours, entre deux conquêtes, que la Belgique est un pays à liberté municipale, dont les chartes communales comptent huit siècles ; toujours ils reviennent à la charge, pour s'en aller de nouveau.

Puissent-ils comprendre enfin que la Belgique est une *nationalité*, tout comme la Savoie, et que les nationalités doivent être *délivrées* pour tout de bon. Mais qu'est-ce à dire ? Les mêmes hâbleurs qui rêvent les « limites naturelles, » n'ont-ils pas rêvé tout haut de conquérir l'Angleterre, le peuple le plus national, l'individualité la plus entêtée de la terre?

Les leçons de l'histoire sont là, grandes et sévères, et si les meneurs ambitieux font la sourde oreille, ne serait-il pas temps que l'indignation universelle, y compris celle des Français, fît la leçon aux meneurs? On a tant parlé, dans ces derniers temps, de l'*Opinion publique*, déesse mystérieuse, invoquée par le despotisme lui-même. Eh bien, qu'on la fasse parler, cette opinion publique, clairement, hautement et de manière à ce que personne ne puisse se méprendre sur ses oracles!

C'est la *lâcheté* de l'opinion publique qui a encouragé, jusqu'ici, les poltrons et les couards, au point d'en faire des héros : que cela finisse enfin, et que tout le monde rentre dans son véritable rôle.....

DES DANGERS QUE COURT LA FRANCE.

On n'est pas l'ennemi d'un peuple pour lui dire la vérité. Mais
la France, étourdie par la révolution de 1848, voyant devant elle
une tâche au dessus de ses forces, s'est laissée choir, de guerre
lasse, entre les bras d'une politique qui, sous les grands mots et
les allures de matamore, ne cache qu'une nullité absolue. Or un
peuple ne peut pas vivre de rien, sous peine de se consumer. La
France se consume en effet, et ses médecins, très intéressés à la
faire vivre sans la guérir, lui prescrivent toute sorte de distrac-
tions, de promenades à travers champs. Il y en a qui croient à
la profonde sagesse des médecins et se mettent en course effrénée,
ceux-là sont les chauvins. D'autres ne disent mot et souffrent. La
masse obéit machinalement.

Les menées de l'Empire s'expliquent enfin. Sous prétexte de
sauver « l'indépendance de la Turquie, » on a saigné la Russie et
compromis l'Angleterre. Puis, on a donné la main à la Russie,
pour tomber sus à l'Autriche. Sous prétexte de «délivrer l'Italie, »
l'Autriche fut aplatie et brouillée avec la Prusse. Puis on offrit un
traité de commerce à l'Angleterre, pour l'écarter de son chemin.
— Les préparatifs avaient été longs, mais indispensables. Maintenant, la pièce peut commencer : premier acte, la Savoie, « revendication des versants français » des Alpes. Si tout va bien, le
second acte se jouera en Belgique, le troisième sur le Rhin, le
quatrième dans la Manche, le cinquième..........

Depuis 1815, les Italiens ont aspiré manifestement à l'unité. La France, en peuple généreux, et qui « seul combat pour une idée, » devait enfin venir à leur aide. Les Italiens sont une *nationalité*, parce qu'ils parlent italien; mais la Savoie ne parle pas italien, elle parle français, elle appartient donc à une autre nationalité, à la française. Et c'est à cheval sur cette logique boiteuse qu'on est arrivé à la grande question.

Mais déjà le nouveau principe se trouvait usé. Les Savoyards ont protesté, ils ont désavoué la nationalité française, pour affirmer la leur propre. Grand embarras! La « nationalité » ne valait plus rien, il fallait trouver autre chose. Des « garanties » contre le grand royaume de l'Italie supérieure, la nécessité de ne pas laisser entre les mains du Piémont les défilés des Alpes! Hé, que cela fait-il aux Savoyards, et comment veut-on qu'ils s'enthousiasment pour la question de savoir si une porte est ouverte ou fermée? Encore un pas, et on en vint à la simple cession, de la main à la main, d'un territoire appartenant jusqu'ici au roi des Deux-Sardaignes. Toute l'affaire était devenue un échange, un marché, un troc, un pot-de-vin. Vraiment, il n'y a que le premier pas qui coûte, et ce premier pas, c'était le « principe des nationalités. » De là on arrive, de fil en aiguille, au droit du plus fort.

La France a déjà une fois expérimenté — il y a de cela quarante-cinq ans — ce que veut dire le « principe des nationalités, » appuyé sur la force du vainqueur, et nous nous rappelons une note chaleureuse de M. de Talleyrand qui pourtant avait de la peine à s'échauffer et même à s'indiguer, — note datée du 14 décembre 1814, et ainsi conçue ou à peu près : « Ce déchirement des pays et cette incorporation arbitraire présupposeraient que la confiscation, bannie par les peuples civilisés de leur code, serait au dix-neuvième siècle permise en politique, et alors moins affreuse que la confiscation d'une simple cabane ; *que les peuples peuvent être mis au rang du bétail d'une métairie;* que la souveraineté est acquise ou perdue par le simple fait de la conquête ; que les nations de l'Europe n'ont pas plus de lien entre elles que les insulaires de l'Océan Pacifique, qu'elles ne vivent que d'après les lois de la nature, et qu'il n'y a point de droit public; que les précédents de trois siècles ne font point loi, en un mot, *que tout est permis au plus fort.* »

Pour le moment, nous n'examinerons point, si les précédents de trois siècles forment une loi de tout point inattaquable; nous acceptons, dans l'intérêt de la paix publique et du développement sérieux, le droit des gens tel que nous le trouvons devant nous; mais il est évident que si une partie de l'Europe, bernée par le malin esprit, prenait les allures des Australiens, que si une sauvagerie artificielle voulait renverser les stipulations d'il y a trois cents ans ou cent ans ou seulement quarante-cinq ans, il est évident, disons-nous, qu'on traiterait finalement ces trouble-fête comme des Polynésiens. Pas ne serait besoin d'en appeler aux dépêches de lord Castlereagh, aux ouvrages de Vattel ou de Henri Wheaton; les « limites naturelles » seraient alors réglées sur les limites de la patience.

Il y a un siècle, l'Électeur de Bavière fut élu Empereur d'Allemagne sous le nom de Charles VII, en concurrence avec l'époux de Marie-Thérèse, François de Lorraine. L'Angleterre, pour aplanir les difficultés qui naissaient de la guerre de succession de Bavière, proposa à la reine de Hongrie, par l'intermédiaire de John Dalrymple, comte Stair, de former un *royaume austrasien* ou *bourguignon* des Pays-Bas jusqu'à la Somme, de la Lorraine, y compris les trois évêchés, de l'Alsace, de la Franche-Comté, d'y ajouter le Luxembourg et d'en investir Charles de Bavière qui, par contre, céderait la Bavière (*).

On voit bien qu'il y a des idées qui ne peuvent pas mourir, et certes, celle-là revivrait, si la France, épuisée par les folies guerrières, retombait encore une fois entre les mains de vainqueurs exaspérés. La Belgique, après une pratique aussi sage qu'heureuse de la liberté, se prêterait aujourd'hui d'elle-même comme le noyau d'un nouveau *Royaume bourguignon*, et le midi de l'Allemagne, cette race allémanique, si tenace et si foncièrement républicaine — bien plus républicaine que la France ne l'a jamais été — ne tendrait peut-être pas inutilement la main aux Alsaciens qui sont exactement de la même étoffe...

Vous trouvez cela de l'histoire ancienne, parce que l'idée du fameux whig Dalrymple date d'un siècle. Écoutez alors quelque

(*) Ce fut en 1743, voir les *Mémoires de Noailles*, t. VI, et *Schœning :* « bairischer Erbfolgekrieg, » p. 294. La chose a frappé *Alex. de Humboldt*, v. sa Correspondance avec Varnhagen v. Ense, p. 290.

chose de plus moderne. Parlons de l'an 1815, et ouvrons le livre de M. Achille de Vaulabelle, ministre de la république en 1848 : « Histoire des deux Restaurations. » Nous y lisons : L'Angleterre laissa ses alliés discuter des plans de démembrement, qui ne visèrent pas à moins qu'à nous prendre la cinquième partie de notre territoire. Les petits États à nos frontières se montrèrent les plus avides : les *Pays-Bas*, ce *royaume d'hier*, création entièrement anglaise, demandèrent, comme annexes à la Belgique, les départements qui avaient été formés du *vieux Hainaut*, de la *Flandre* et de l'*Artois*. Les différents États de la Confédération germanique demandèrent que tous les départements qui autrefois avaient fait partie de l'Empire d'Allemagne, entre autres l'*Alsace* et la *Franche-Comté*, fussent réunis à l'Allemagne. La Prusse ne demanda rien moins que d'étendre ses frontières *jusqu'en Champagne*. La Sardaigne réclama la *Savoie*, ainsi que *plusieurs cantons français limitrophes;* l'Autriche enfin revendiqua la *Lorraine*, et ce fut son représentant, M. de Metternich, qui d'ordinaire, dans les conférences, se chargea d'indiquer et de motiver les sacrifices que la coalition victorieuse devait nous imposer.

M. de Metternich, dans les discussions préliminaires, résuma ainsi les bases du nouveau traité : 1° Confirmation du traité de Paris, du 30 mai 1814, dans toutes ses dispositions qui ne seront point changées; 2° Restitution, au Roi des Pays-Bas, de tous les districts qui autrefois ont appartenu à la Belgique; au Roi de Sardaigne, de la Savoie; à la Prusse, à l'Autriche et à la Confédération germanique, d'un certain nombre de forteresses et de plusieurs départements de l'Est ; 3° Destruction des fortifications de Huningue, avec obligation de ne jamais les relever. Ce fut Wellington qui s'opposa à ces dures conditions; mais au commencement la conférence ne voulut point écouter le représentant anglais, — est-ce pour cela qu'on lui a tiré un coup de pistolet dans les rues de Paris, et que ce coup de pistolet a été récompensé par le testament de Longwood? — Bientôt après surgit une carte sur laquelle étaient indiqués, comme étant détachés de la France : l'Alsace, la Lorraine, le Hainaut, la Flandre, des parties considérables de la Champagne, de la Franche-Comté et du Berry. On sut s'en procurer une copie qui fut présentée à Louis XVIII, tandis que, dans un certain nombre de journaux allemands, tous les faits ayant rapport à la Lorraine et à l'Alsace, y figurèrent déjà sous la rubrique : « Allemagne. » Louis XVIII demanda alors une entrevue avec Wellington et Alexandre, et il réussit à toucher le noble cœur de ce généreux monarque. A la fin de la conversation, Alexandre s'écria ému : « Non, Votre Majesté ne perdra pas ses provinces, je ne le souffrirai pas. »

Pourtant le plan de partage ne tomba pas entièrement ; les puissances dressèrent même un *ultimatum* dans ce sens. Le cabinet de Paris répondit et insista sur les frontières de 1814 ou 1792 ; mais il s'attira une réplique sévère, dans laquelle il était dit :

« La nécessité de garanties pour l'avenir est devenue plus sensible et plus urgente qu'elle n'était du temps de la paix de Paris. Ce qui pouvait suffire aux cours alliées, en 1814, ne le saurait plus en 1815 ; la ligne de démarcation qui semblait pouvoir tranquilliser les États limitrophes, le 30 mai, ne pourra plus satisfaire aux justes réclamations d'aujourd'hui. Voilà les principaux motifs des cours alliées pour réclamer de la France certains territoires. Leur abandon laissera la France, au fond, intacte ; elle restera comme auparavant un des États les mieux arrondis, les mieux fortifiés en Europe et l'un des plus riches en ressources pour résister aux dangers d'une invasion. On ne saurait bien comprendre sur quoi se baserait la distinction essentielle entre le *vieux* et le *nouveau* territoire. Il est impossible de supposer que, dans les négociations actuelles, la doctrine de la *prétendue inviolabilité de la France* soit remise sur le tapis. On supprimerait toute idée d'*égalité* et de *réciprocité* entre les puissances, si on voulait ériger en principe que la France seule jouit de l'avantage de ne jamais rien perdre de son territoire, ni par l'infortune de la guerre, ni par les conventions politiques. Par ces motifs, les soussignés plénipotentiaires insistent sur l'*ultimatum* qu'ils ont présenté au roi de France. »

La prochaine fois l'empereur Alexandre n'y sera pas, — on s'en félicite même, — ou, s'il y est, il sera au second rang, tout autocrate de toutes les Russies qu'il soit. Par contre, le « *fameux Stein* » pourrait bien jouir d'un plus grand ascendant qu'en 1815, car ce fut lui qui poussa à l'application du principe des nationalités, lui qui voulut faire éprouver à la France le retour des choses d'ici-bas. En lui, l'Allemagne avait été bafouée et conspuée, c'est contre lui que Napoléon Ier avait décoché, après les journées de Bautzen et de Wurschen, ce blasphème à jamais impardonnable : « Le *fameux Stein* est un objet de mépris pour les honnêtes gens. Ses manœuvres tendent à *exciter la populace contre tous ceux qui possèdent*. On félicite la population paisible d'avoir échappé *aux atteintes de Stein et des Cosaques* (*). »

Au premier empire l'Europe n'avait rien à opposer si ce n'est les nationalités et l'intérêt commercial des Anglais. La France, au contraire, sortait de 1789 ; elle se ressentait encore des fumées de la liberté. Aujourd'hui, c'est bien différent. 1789 est devenu une phrase creuse, la révolution s'est mise à faire son tour du monde ; elle est arrivée ailleurs. Non seulement l'idée nationale en Allemagne est plus vivace que jamais, non seulement au bout de quinze jours elle peut avoir adopté une forme politique et s'appeler concentration de toutes les forces, mais encore la Prusse vient-elle d'achever paisiblement son 1789, et sera-t-elle investie, quand l'heure sonnera, de la dictature légale sur un peuple de 40 millions d'habitants. Napoléon III a fait son possible pour semer la zizanie entre la Prusse et l'Autriche ; il en sera pour ses frais, il n'aura fait que démontrer l'impuissance absolue de l'Autriche. Avant de pouvoir contrecarrer la mission providentielle de la Prusse, l'Autriche tombera en haut mal, et le 10 août fera son entrée funèbre dans la capitale des Hapsbourg.

Nous savons très bien sur quoi spécule encore la politique du coup d'état à l'extérieur, nous connaissons la vieille intrigue qu'elle a découverte dans les paperasses du vainqueur d'Austerlitz. On s'imagine pouvoir leurrer la Prusse avec l'ancien électorat, actuellement le royaume de *Hanovre*. En 1805, le Hanovre était une simple factorerie anglaise, la métairie des rois-électeurs. Faire accepter à la Prusse ce don des Danaëns, c'était la brouiller avec l'Angleterre, et, dans le fait, l'affaiblir. Aussi le « fameux Stein » s'opposa-t-il de toutes ses forces, quoiqu'en vain, à ce funeste tripotage. Les choses ont bien changé depuis l'ambassade de Haugwitz au quartier-général de Napoléon Ier. L'Angleterre, si

<hr>

(*) V. la biographie de Stein par un auteur français, M. *François Lacombe*, dans : « la France et l'Allemagne sous le premier Empire. Napoléon et le baron de Stein. » Bruxelles, 1860.

elle se déclare définitivement désintéressée dans le marché savoisien, ne l'est certes pas moins dans toute question regardant le Hanovre. Il y a plus, le Hanovre n'est plus ni factorerie, ni métairie, ni de l'Angleterre, ni du roi George V ; elle est maintenant un peuple foncièrement patriotique et allemand, et pour peu que son gouvernement continue ses menées séparatistes et félonnes, le célèbre caporal avec ses quatre hommes suffirait pour opérer l'annexion à la Prusse ; ce serait tout comme en Toscane, tout comme dans la Romagne. Il en est absolument de même de Hesse-Cassel, avec la résidence, jadis si joyeuse, de Jérôme Bonaparte... On ne peut plus leurrer la Prusse, et toute question d'honnêteté personnelle mise de côté, la Prusse d'aujourd'hui, c'est l'Allemagne, et elle s'appelle peuple. Or, les peuples n'ont pas de « cabinet secret (*). »

Sur le Rhin, il fut jadis facile d'exproprier les gouvernements caducs des évêques-électeurs, et, sous prétexte de la frontière du Rhin, passer le fleuve, pour s'étendre jusqu'à Hambourg, d'incorporer la Belgique en révolution contre l'Autriche, de révolutionner la Hollande mécontente, de la républicaniser, *royaliser* et *impérialiser*, de transformer enfin le Bas-Rhin en Grand-Duché et de l'inféoder à Murat ou à un fils de Jérôme. Mais là aussi les choses ont complétement changé de face ; la Belgique a une existence calme et garantie ; la Hollande est un pays en voie de développement régulier, un peu trop indifférent même aux choses du dehors (**) ; à la place des évêques-électeurs, on rencontrerait encore une fois la Prusse, devenue grande puissance par sa vaillance patriotique, par le dévouement sans bornes de sa landwehr et de ses volontaires.

La France du deux décembre, sur quoi s'appuyera-t-elle pour

(*) C'est un auteur français qui confirme cette manière de voir ; nous lisons dans « la Justice dans la Révolution et dans l'Église, » par *P. J. Proudhon* (seconde édition, Bruxelles, 1860), première étude, p. 107, parmi les « Nouvelles de la Révolution », « *Prusse et Allemagne* : » — Le développement et la consolidation du système parlementaire sera la meilleure défense à opposer à la conquête napoléonienne, si tant est que Napoléon III, curieux de visiter les champs de bataille de son oncle, s'avise de passer le Rhin. En 93, la liberté était de ce côté-ci du Rhin ; maintenant elle est de ce côté-là. La Révolution (lisons la Liberté) n'a pas perdu un pouce de terrain ; il n'est pas difficile de prévoir quelle sera l'issue de cette marche et de cette contre-marche.

(**) La Hollande n'a-t-elle jamais été frappée de l'augmentation considérable de la *marine française*, est-elle sans appréhension aucune, quant à son île de *Java* ?

entrer en champ clos avec une nationalité pleine de séve, guidée par la liberté, stimulée par l'idéal? La France est-elle même une nationalité, elle qui ne fait qu'en parler? Non, l'unité gouvernementale de la France, préparée par Louis XI, inaugurée par Richelieu et Louis XIV, achevée par Napoléon Ier, n'est qu'un simulacre, car l'unité de la France ne réside que dans Paris. Entre le riverain de la Baltique et l'habitant de la Forêt-Noire, entre le Holstenois et le Tyrolien, il y a consanguinité, affinité de cœur et d'esprit : y en a-t-il, au fond, entre le Breton celtique et l'Alsacien germanique, entre le Provençal et le Flamand de Lille? Qui, si ce n'est la force, tient ensemble, dans la France actuelle, le *Druidisme* et le *Caporalisme,* le Nord et le Midi, la Ville et la Campagne? N'est-ce pas plus que jamais la centralisation romaine qui enchaîne la France, la corruption sur toute la périphérie, dont le centre regorge, et le *præfectus prætorio* qui impose silence aux alliés, aux municipes et aux colonies ?...

Pourquoi la France se rue-t-elle périodiquement sur ses voisins? pourquoi déborde-t-elle, à des heures indiquées, à l'instar d'un volcan ? Est-ce parce qu'elle forme une nationalité travaillée par un trop-plein de vie? ou ne serait-ce pas plutôt pour avoir comprimé les nationalités dans son sein, et pour étourdir ces individualités impatientes du joug, frémissantes d'ennui? Ne serait-ce pas là le sens de l'aveu stupide fait par M. Le Masson : « La première chose pour chaque nation est de s'agrandir et de posséder au moins son territoire naturel ; les conquêtes de la civilisation ne viennent qu'après, et la France a mieux à faire que de s'abandonner à une culture *énervante.* »

Nous ne sommes pas seul de notre avis et heureusement qu'il n'y a pas que des Chauvins en France. Des livres, remarquables sous tous les rapports, sont récemment venus confirmer pleinement nos idées. Nous citerons : « L'Ancien Régime et la Révolution, » du regrettable M. *de Tocqueville;* « La Liberté et la Centralisation, » par M. *Ch. Dollfus;* la seconde édition, revue, corrigée et augmentée de « La Justice dans la Révolution et dans l'Église, » par M. *Proudhon.* Ce dernier auteur s'oppose carrément à l'annexion de la Savoie. « Y a-t-il quelqu'un en Savoie, s'écrie-t-il, que tentent la gloire et les libertés de l'Empire? Quant à la France républicaine, ce n'est plus par ces moyens surannés qu'elle compte exercer son influence sur le monde. Que les Savoyards, les vieux Allobroges, disent donc à l'Europe : Nous ne sommes pas plus Français que nos voisins de Genève, de Vaud, de Neuchâtel, de Porentruy, de Fribourg, du Valais; nous ne pouvons pas le devenir, nous ne le voulons pas, et cela ne sera pas. Nous en appelons au principe de nationalité, pour lequel on a combattu à Solferino et à Magenta. » Plus loin, le même écrivain, si remarquable par sa franchise bourguignonne, semble presque avoir écrit sous notre dictée, lorsqu'il dit : « Est-ce donc que la Bretagne, la Provence, l'Alsace, le Languedoc, la Bourgogne, la Franche-Comté, l'Auvergne, n'*ont pas aussi leur nationalité?* »...

Qu'on lise les ouvrages de ces hommes éminents, qu'on suive leurs conseils vraiment sages, c'est le seul moyen pour obvier à d'indicibles malheurs.

La France, rentrée dans son assiette, rendue à elle-même, aura bien autre chose à faire que de promener à travers l'Europe ces enfants perdus de Paris, de Lyon, de Bruxelles, de Gand et d'autres grands centres de prolétariat, et dont la démoralisation se cache mal sous un costume d'Opéra comique. Elle aspirera à bien autre chose qu'à se faire maudire par d'innombrables mères de famille, par des légions d'ouvriers privés de travail et de salaire, et à se faire mettre finalement au ban de l'Europe. En fait de politique, d'art gouvernemental, elle n'a encore rien produit que cet horrible instrument de torture, appelé la *centralisation;* elle ne se doute pas encore de la liberté.

Y a-t-il quelque chose de plus pitoyable que cet aveu des chauvins eux-mêmes : Nous avons l'égalité, celle-là nous suffit, nous ne sommes guère faits pour la liberté; chaque fois qu'elle nous est tombée d'en haut, nous en avons abusé. Nous ne saurions qu'en faire ! — Triste abnégation, en effet, mais qui cache une intrigue infernale. C'est Satan qui s'approche de Jésus : « Je te donnerai toutes ces choses, si, en te prosternant en terre, tu m'adores. » Pauvre fils du charpentier, la liberté de ta personne, la dignité de ton être, tu n'en saurais rien faire. Adore-moi, je suis l'égalité, l'égalité de la servitude. *Rue in servitium...* et je te promets les « limites naturelles... »

Mais qu'est-ce donc que cette « égalité, » cette « certaine » égalité que M. Le Masson nous vante, lui aussi ? Est-ce l'égalité du droit de chaque citoyen à un développement intégral de ses facultés, à la jouissance complète des fruits de son travail? Ou n'est-ce pas plutôt l'égale vileté des dents de roue dans un mécanisme, dans la machine gouvernementale et oppressive? Comment, la France ne connaîtrait pas encore la nature et la valeur de cette panacée, débitée si effrontément par une troupe de marchands d'orviétan?

Sous Louis XI, ce fut l'égalité devant la cage de fer et devant Tristan l'Hermite; sous Charles IX, l'égalité devant le poignard de la St-Barthélémy; sous Richelieu, l'égalité devant la couronne qui fauchait tout autour d'elle les sommités sociales : Huguenots, noblesse, fonctionnaires, États-Généraux; sous Mazarin, l'égalité devant la cabale; sous Louis XIV, l'égalité devant le soleil de Versailles, devant les dragonnades et la misère; sous Louis XV, l'égalité devant l'OEil-de-Bœuf et la Pompadour; sous Robespierre, l'égalité devant la guillotine; sous Napoléon Ier, l'égalité devant la conscription; sous Charles X, l'égalité devant le cierge; sous Louis-Philippe, l'égalité devant la bourse: sous Louis Bonaparte l'égalité devant le Tripot et devant Cayenne.

Ces différentes égalités, sont-elles donc si tentantes, — et un seul quart d'heure de liberté ne vaut-il pas des siècles de servitude égalitaire?

A l'œuvre, Français de souche et de race, à l'œuvre, successeurs d'Étienne Marcel, de Mirabeau et de la Gironde! L'égalité, c'est la force, c'est l'harmonie préétablie, c'est le lien mystérieux des atomes, c'est la superstition et l'avilissement. A l'œuvre, et donnez un démenti solennel à ce Satan qui se cache derrière le masque de M. Le Masson. Désavouez hautement ce qui n'a été que trop longtemps vrai pour la France :

« Dans de telles conditions, et en attendant la restauration du principe d'autorité, sans lequel rien de grand et de stable ne peut se fonder en politique, la *force*, pour peu qu'elle soit honnête et intelligente, est le meilleur moyen de gouvernement, sinon le seul. Aussi, est-ce *la force* qui, par une transformation soudaine et inespérée, a seule pu créer le nouvel état de choses que le suffrage national a mis tant d'empressement à sanctionner. »

Et puis :

« Les armées permanentes sont une grande force pour la royauté, un grand progrès pour l'art de la guerre et un *aussi puissant auxiliaire de la civilisation que l'imprimerie elle-même.* »

Dites, est-ce vraiment là l'idée de la France?
Enfin :

« Si la politique de la France avait toujours égalé ses armes comme au xiii⁰, au xv⁰ et au xvii⁰ siècle, sous Philippe II et Louis IX, Charles VII et Louis XI, Henri IV, Richelieu et Louis XIV, elle aurait dès le xvi⁰ siècle, atteint ses limites et ensuite ASSERVI l'Europe ou du moins conquis une immense prépondérance. »

L'asservissement de l'Europe et *l'Ère des Césars,* qui signifie l'avilissement de la France, cela vous va-t-il, Français? Vous résigueriez-vous à une guerre au couteau avec la race germa-tique, imbue de l'esprit de liberté, décidée à maintenir sa posi-tion en Europe, à l'agrandir même, pour sortir enfin de la grande bagarre humiliés, mutilés, honteux, chargés du mépris de vous-mêmes?

Ou ne serait-il pas plus noble, plus digne de vos bonnes tradi-tions, de l'esprit humanitaire que vous-mêmes avez si puissamment aidé à réveiller en Europe, de vous unir de cœur à la race alle-mande, vous, le peuple de l'initiative et de l'action, au peuple de la science et de la conscience, et de tendre enfin, dans un com-plétement mutuel, à cette communauté politique qui, prévue depuis longtemps, offrirait le gage indéfectible de l'organisation de l'Europe?.....

TABLE DES MATIÈRES.